プロレスの味わい

世界から地方に来て幸せになった男

TAJIRI

西日本新聞社

プロレスの味わい

世界から地方に来て幸せになった男

まえがき

2023年の秋。プロレスラーでありながら、新聞に随筆を連載するという重大任務を仰せつかってしまった。

どうしてそういうことになったのかというと、オレはプロレスと同時並行にあちこちへ文章を書いたり本を出したり、一応それをもなりわいとしている二足のわらじレスラーだからである。

そういう人は子供のころから文章を書くことが大好きで、なおかつ相当うまかったんだろうと皆さんは思われるだろうか。実は全然そうではなかった。それこそ小学生のときは、どんな名作を読んでも感想文に「ボクは」以降の一文字も書けないまま卒業式を迎えてしまったし、中学生のとき真冬の体育館で全校生徒が体育座りで見させられた映画「あゝ野麦峠」の感想文には「寒かった」とだけ書いて担任に呼び出された苦い思い出だってある。

ではそんなオレに、いつ何が起きて文章とお友達になったのか。2001年、一本の原稿依頼がきっかけだった。当時のオレはプロレスキャリア7年目。アメリカに住みWWE

という団体に籍を置いていた時期。日本のプロレス雑誌から「アメリカでのプロレス生活レポートを」という依頼を受け、大学卒論以来に文章を書くことと相成ったのだ。身の回りに起きていることを淡々と書いてみた。だが、書き上がったものは少しも面白くない。なんでだろ？わかった。まず文章のリズムが悪い。さらには慣用句ばかりで独自性がない。そしてなにより、人間の心が描かれていない読み物は面白くもなんともないのであった。

そのとき思った。文章とプロレスは似ているな、と。書くだけ、闘うだけなら簡単だ。しかし良いものに仕上げるには表現の技術と工夫が必要となってくる。さらにはどちらもプロであれば「人様に見ていただく」ために存在しているという共通点まで発見した。最後は表現の巧拙がモノをいう世界。なのでそれ以来オレは常々公言しまくっている。「プロレスラーは表現者である」と。

本書は、プロレスという特殊な世界に身を置くこのオレが、そこで起きる日常の経験、それにより感じたこと、考えたことを表現した、78の物語である。50回続いた西日本新聞連載に加え、かなり多くのページを書き下ろしてもいる。手に取ってくださったあなたの、晩酌のお供にでもしていただけたら幸いである。

目次

3 舞台は海外へ

4

プロレス深夜特急2023

5 日々のこと、これからのこと

1

いま九州プロレスに

かけめぐる自由のママチャリ

2023年1月。東京に拠点を置く全日本プロレスから、福岡を拠点とする九州プロレスへ移籍した。同時に住まいも。

東京では常に電車移動だった。長年のプロレス生活で視神経に問題があり、安全に車を運転できないからだ。試合会場へ電車で。道場指導にも電車。オフィスでの会議にも電車。電車電車電車電車。電車男。

しかし福岡へ来てからは、ほとんど電車に乗ることがない。新たな足を手に入れたのだ。自転車。買い物にいくおばちゃんが乗っているやつ。いわゆるママチャリ。しかも前後に大きなカゴが二つも付いている。いまのオレは福岡の街をかけめぐる、ママチャリ男へと生まれ変わったのである。

最寄駅までママチャリで5分。そこからたまに夜の中洲へ出かけるけれども、電車に乗る機会はそれくらい。スーパーまではスイスイ2分。道場へはワープ並みの1分。試合の日には、九州プロレス・筑前りょう太理事長が車を所持していないオレに気を使ってくれ自ら運転し家まで迎えに来てくださる。ありがたきことである。

ママチャリで生活のすべてが事足りるいま。東京ワチャワチャ生活で搾りカス状態だった人生に潤いがよみがえってくる。さらに、そんなママチャリ男になることは、ガキのころからの憧れでもあったのだ。

むかし、近所にいた。昼間からママチャリをこいでいる、何の仕事をしているのかよくわからないおっちゃんが。オレは、そのおっちゃんに憧れていたのだ。

普通の大人は働いている時間。ママチャリで公園にやってきてはベンチに腰かけ、UCCコーヒーかHi－Cの缶を開け、タバコをふかし新聞を眺めていた。貧しい感じはまったくせず、むしろ豊かなインテリ感…いや、知恵者という雰囲気が漂っていた。人生の知恵者。あのおっちゃんは働かなくても食っていけるんだな。ガキんちょ同士でいつもそう噂《うわさ》し合っていた。ある日、母ちゃんにその話をすると、長い東京生活でもとうとう変わらなかった熊本弁でこう言った。

「そがんとは道楽モンたい」

しかしオレには、道楽モンの方がカッコよく思えたのだ。真面目に働いていた父ちゃんよりも。なにより楽しそうだな、と。人生が。

だから九州に来たとき「人前に出る仕事なんだからもう少しカッコいいのに乗れば？」

という他人の声には耳を貸さず、迷うことなくママチャリを買った。いまこそ、子供のころの憧れだった存在へと近づくために。

そういえば先日。ロレックスを巻いた上下スエットのおっちゃんが、飲み屋のカウンターでオレの隣に座ってきた。メニューにはない目玉焼きをいつもの的に注文し、新聞の株価欄を眺め店主とボソボソ会話を交わして、焼酎2杯だけを飲み、つむじ風のように去っていった。

彼らの共通点。やりたいことだけをやって生きているのであろう自由気ままさ。本当は誰もがそんな人生に憧れているはず。やりたくもないことをやらねばならない人生なんて苦痛以外の何物でもない。そんな真理を世に訴えたい。子供にも大人にも。だからオレはきょうもママチャリをこぎ、福岡の街をかけめぐるのだ。

中洲の飲み屋　その1

そんなカンジに福岡の街をかけめぐっているうち、中洲にいきつけの飲み屋ができた。那珂川の川べり。50年前から続いている2階建ての古い建物。1階はほぼカウンター。2階はお座敷。九州プロレス所属となり、次男坊がまだ東京の学校にかよっている家庭的事情から、博多へ単身赴任してきて以降〝青春時代再び〟的うれしさから週に2回はかよっていた。

それもしばらくしてようやく落ち着き、それでも10日に1度ほどの頻度でちょくちょく顔を出してはいるのだが。かよい始めたきっかけは、その店のはす向かいにあるホルモン焼き屋を覗いてみたことだった。「忙しいからお一人さんは勘弁して！」。入店を断られてしまったオレの視界に、逆はす向かいで「こっちきてみらんね」と手招きしているがごときその店が、たまたま目に飛び込んできたのだった。店に性別があるとするならば、きっと女性のような気がした。そとから店内の様子はうかがえない。

引き戸を開けると…ズラリ一列に並んだおっさんたちの背中。その向こうのカウンターの中では数人の店員さんがあくせく動き回っている。全員、おっかさんのような年配女性だった。ひと席だけ空いていたカウンターを指さし「お兄ちゃんここね！」というおっかさん1号の指示に従い着席。茶色い表紙の古びたメニューを手渡された。小鉢系や焼き物、揚げ物、刺身に丼、定食もあれば1人前でもOKな何種類もの鍋に地酒ホッピー濁り酒、なんでもござれだ。

ほとんど常連さんのようで「日替わりはなんね？」といつもの口調で尋ねては「肉じゃがと厚揚げがおいしかよ」なんて会話が聞こえてくる。「なんにすっね？」瓶ビールと白菜漬けを頼んだ。うまい。何を頼んでもうまい。そしてまた、おっかさんたちがさりげなく気が利くのだ。お客さんは入れ代わり立ち代わり。何品か頼んだのだが、お会計がたったの千ウン百円。大当たりであった。そんな感じでかよい始めたおっかさんたちの店。そしてある日、カウンターで実に「粋」な光景を目撃してしまうこととなる。

中洲の飲み屋　その2

ある夜。おっかさん1号に「ここね！」と、カウンターの端から2番目を指定された。いちばん端っこがよかったのだが、そこには畳んだ新聞が2部置かれている。前の客が忘れていったとか、たまたま置いてあるふうではなく、これからくる人のために「置いてある」んだなと思った。

はたして、そのとおりだった。眼鏡をかけた、まだ40歳そこそこくらいのお兄さんがやってきて席につくと「ビールと目玉焼きの定食ね」と、置いてあった新聞を当たり前のように開いて読み始めたのだ。まるで自分の家でそうしているかのごとき自然さ。店がとっている新聞を、お兄さん用にいつものごとく置いていたということなのだろう。お兄さんはビールにチュッチュと口をつけながら、数字がずらり躍るページをじっくりと眺めている。株かなにかで食っている人だろうか。目玉焼き定食が運ばれてきた。店のメニューに目玉焼きは存在しない。ということは、お兄さんのためにメニューにない目玉焼きをこさえ、なおかつ定食にしてくれているということである。相当な常連さんにちがいない。それにしても目玉焼きのうまそうなこと。黄身にうっすらと白身がかぶさったやつ。オレも頼んでみたい！

しかし、いま頼んだら猿マネ野郎になってしまう。次回に持ち越すことにした。そしてお兄さんはスポーツ面をスラスラと読み終え新聞を閉じると、目玉焼き定食を食い終え、お会計をすませ風のように立ち去ってしまったのである。「粋」であった。マネするしかない。

その数日後。オレも目玉焼きを頼んでみた。いきなり頼んで「そげんとなかもん」といわれたら恥ずかしいので「目玉焼きってできましたっけ？」と遠慮がちに頼んでみる。「玉子はふたつでよかと？」やった！先日見たものと同じ焼き具合。食してみると絶妙な塩加減。いまのオレは誰かを店につれていくつど「ここの目玉焼き食ってみな！」と、さも昔から知っているかのように真っ先におススめしている。

中洲の飲み屋　その3

中洲のおっかさんたちの店にかよい始めて数回目のこと。どうせ頻繁にくるのであればと焼酎のボトルを入れてみることにした。「名前書いとってね」とおっかさんに白いマジックを手渡され。さて、なんて書こう。

本名を書いたところで面白くもなんともない。ではリングネームのＴＡＪＩＲＩと書こうか。いやいや、日本人のくせに外国人になりたがっている憐れな50代と思われてしまうかも。せっかくなら、そうだ、オレには未使用のもう一つの名前があったではないか。2023年の3月に初めての小説を出版したのだが、次回作、いや、いつになるかはわからないが、ずっと原案を書きためている昭和を舞台にした女子プロレスの小説を出すときに使用したいペンネーム。ある日いきなり天から降ってきたその名前を姓名判断で調べたところ、モノ書きとして大成功する画数だった。男とも女ともとれる中性的な名前である。今後この店では別人としてモノを考え、飲む。

別の人生を生きることのできる店。それはとてもステキなことのように思えた。なので、その名前を書いた。「女の子みたいな名前ねえ」。瓶を手にとり、まじまじと見つめるおっかさん。信じてもらえたのだろうか。数日後。再び店を訪れると、おっかさんは「水割りでよか？」とボトルを出してきてくれた。大成功である。その後も別人として、オレは店にかよい続けた。

しかしある日。海外での試合から日本へ戻り数週間ぶりに顔を出すと、おっかさんにこう言われたのだ。「久しぶりね、あちこち周ってきたと？いつもたいへんね」。自然に「ええ」と答えていたが、それはプロレスラーに対する質問以外の何物でもなかったことにハッと気が付く。別人の名前が書かれたボトルが目の前に置かれる。おっかさんはそれ以上なにも尋ねてはこない。ガキのころ、母ちゃんのサイフからちょくちょく小銭を失敬していた。しかし後年。知っていて、わざと小銭を入れていたと母ちゃんに聞かされた——。こんな店が、中洲にはある。

ちゃんこ

プロレスラーの食事といえばちゃんこである。え、それは相撲ではないかって？そう、相撲取りの食事はちゃんこ。しかしプロレスラーの食事もちゃんこなのだ。日本のプロレスは相撲出身の力道山が広めたため、相撲界の風習や用語がかなり多めに取り入れられたまま現在に至っているのである。

しかしいわゆるちゃんこ鍋だけがちゃんこではない。プロレスラーや相撲取りが稽古後に食すものはすべてちゃんこと称されるのだ。つまり、食事＝ちゃんこ。なのでカレーもちゃんこならカツ丼もちゃんこだし、ギョーザだってグラタンだって、極端なことを言えばチョコレートパフェだってちゃんこである。あまりイメージが浮かばないかもしれないが、じっさい稽古後にそういった鍋以外のものが食される機会はけっこう多い。しかしここではいわゆるちゃんこ鍋の話をしてしまう。ちゃんこ鍋にルールはない。どんな具材を投入してもかまわない。鶏肉と豚肉が一緒になったちゃんこもあるし、魚と貝と海老を煮込んで仕上げに海苔を溶かしこんだなんていう水族館のようなちゃんこだってある。美味くて栄養価が高ければなんでもいいのだ。

九州プロレスには海外留学生レスラーが常に数名滞在している。彼らは全員が合宿所に住み、若手日本人レスラーと生活を共にする。合宿所での食事はやはりちゃんこ鍋が多い。アジア圏からの留学生は何味でもへっちゃらだが、欧米人はミソ味は苦手で塩味が好みである。そして彼らが「投入すると魔法のように美味くなる」と一様に口をそろえる食材がある。何かというとバターである。オレも試してみたところ、花子さんがＨＡＮＡＫＯサーンに変身したふうな外国人ウケしそうなハイカラ味に一変するのでなるほどなあ、と。

で、ある日。海外留学生たちが何やら不満を漏らしていた。どうしたのか尋ねると、彼らが喜ぶと思い食事当番の若手が毎回ちゃんこにバターを1箱ぶち込むのだと。「言えばいいのに」「良かれと思っているようなので申しわけなくてですね」。みんないいヤツらである。

韓国のうまい店

2023年末。九州プロレスは韓国最大のプロレス団体・PWSと業務提携を結んだ。これによりオレは韓国へ行く機会が激増。2024年の夏には2週間も滞在し、試合と指導をこなしてきた。

PWSが道場を構えるのは、ソウル南部に位置するピョンテクという地方都市。ホテルのすぐちかくには市場がある。野菜、魚、肉、乾物、キムチ。なんでも売られている。それらの食材を用いた飲食店もたくさん。だからメシを食うには困らない。むしろ美味そうな店が多すぎて、毎日どこへ入ろうか困ってしまうほどだった。そんな中でも、特に気に入った店が2軒。

一つは小さなバア様が営むスープの店。ユッケジャン、コムタン、カルビタン、ソルロンタンなど。韓国の各種スープがズラリ。もちろんキムチをはじめとするいくつもの小皿とごはんもつく。石鍋の中でグラグラに沸き立つ辛いスープと、白いごはんの組み合わせは世界最強。もしも他の惑星へ移住するさい地球の食い物をいくつか持っていけるとするなら、オレ的にこの組み合わせは絶対的な候補のひとつだ。で、そろそろバア様と顔なじみになったころ。スープ以外はメニューにないのだが「目玉焼きつくってもらえませんか？」とスマホの翻訳機能で頼んでみた。するとどうやらそういうことはしない方針のようで「私には目玉焼きは作れません」という、そんなことはないでしょという返事が返ってきたのであった。

そしてもう1軒。こちらは背の高いおばちゃんが営む麺類の店。その店にたまたま初めて入ったとき。ハングルが一切理解できないオレは壁に貼られた冷麺らしき写真を指さし「ワン」と犬のようにお願いした。すると温麺が出てきてしまったのだが、それがたまらなくうまかった。これは他の麺類も相当うまいにちがいない。翌日も足を運んでみた。今度は他のものを頼んでみたところ、魚介類でダシをとったとおぼしき塩スープに、もっちもちの太麺、あさり、細く切ったニンジンとネギ、さらには短冊に切ったジャガイモが入っているチャンポンのようなものが出てきたのだ。スープをすすると、これぞまさに「味わいの味」とでも言おうか。これ、日本で大当たりするのでは？　即座にそんなことを考えてしまった。カルグクスという料理だそうな。

韓国に滞在した2週間。朝となく昼となく、2軒の店にかよい続けた。どちらも中毒になってしまうほどのうまさだったのだ。

カンジャンケジャン

今度は2023年9月の韓国遠征の話。到着したのは海に近い仁川空港である。キムさんという旧知のレスラーがお出迎え。「さっそく、海の近くならではのウマいものを食べまショウ！」と、空港近くのカンジャンケジャンの名店へ連れていってくれた。カンジャンケジャン。名前こそ知ってはいたが、オレはこの時点でそれがどんな料理なのかを知らなかった。

キムさんに尋ねると指でピースをつくり「蟹デス！」という。蟹のしょうゆ漬けらしい。蟹か…実はオレは蟹があまり好きではない。なぜかというと殻から取り出すのがめんどくさいからである。しかも上手&上品に食わないとそこいら中が汚れてしまうなどの理由。なので内心「焼き肉の方がいいなあ…」なんて思いながら名店の敷居をまたいだのだが。店に入ると、3段のアルミ棚を埋め尽くすように並べられた20台ほどの5合炊き炊飯器が真っ先に目についた。「カンジャンケジャンは『メシ泥棒』と呼ばれてますので、ごはんがたくさん要るのデス！」とのこと。

キムさんがカンジャンケジャン2人前を頼むと、まずは炊飯器の中の釜がそのまんま運ばれてきた。ぎっちり入ったホカホカごはん。続いて真ん中から一刀両断された蟹が6匹。けっこう大きい。さらには殻を入れるバケツやら手袋やら、脚をほじくり出す棒やらなんやら…これは食事ではなく、作業開始だと思った。

「こうして食べマス！」つかんだ蟹の半身にいきなり大量のメシをぶち込むキムさん。米粒飛ばしながらカッ喰らう。「韓国ではカンジャンケジャンを一緒に食べてこそ真の男女の仲といわれてマス！どんどん汚して食べていいのデス！」。言葉に従いマネして食ってみると、これがむちゃくちゃウマいのだ。結局、釜のごはんは空になった。テーブルの上はゴミ捨て場に爆弾を落としたようなありさま。上手&上品に食わなくてもいいのなら、蟹は実にウマいのであった。

ユッケ通り

その翌日、今度はキムさんが、ミシュラン認定のユッケの名店へ連れていってくれるという。ユッケ以外にも日本では口にできなくなってしまったレバ刺しもあるとのこと。様々な食材や露店が軒を並べるアーケード。そこから枝葉に伸びた横道にユッケの店が何件も立ち並ぶ通称・ユッケ通りに、その店はあった。

だが、1時間待ちの大行列。キムさんと話し合い、とりあえずきょうはそれほど混んでいない隣の店にしておこうと相成った。席につくなり、どこかへ電話をかけるキムさん「知り合いに聞いたら隣の店もミシュランの店もほとんど味はかわらないそうデス!」「そうなんですか?」「そうみたいデス!」。ならばこれでよかったではないか。

ユッケとレバ刺しと他にもいくつか、さらにビールとチャミスルを頼んだ。うまい。しかも量がとんでもない。ユッケは日本の3倍はあるし、レバ刺しなんて消しゴム大のブロック状のものが大皿にごろごろ盛られている。さらに鮮度が素晴らしい。オレは少しでも古い生モノを口にするとすぐさまトイレへ直行する軟弱な腹の持ち主なのだが、とうとう

불고기
순두부
막걸리
술집

最後までそれもなかった。

「どうしてこんなにいい店が注目されないんですかね？」「隣のミシュランが有名すぎるからですかネエ？」。しかしよく見ると行列にうんざりし、この店へ流れてくる人もけっこう多いようである。すると、こんな考えが頭に浮かんできてしまった「もしかするとここも隣もオーナーが同じなんじゃないですかね？」「なるほど、二段構え商法で丸もうけじゃないでスカ！」「実は全部の店が厨房《ちゅうぼう》は一つで裏でつながってたりして」。

翌日、再びミシュランの店へ。やはり大行列。隣の店も混んでいたので、さらに数軒先の店へ入った。やはりユッケとレバ刺しを中心に注文。若干鮮度がよくない。数十分後、キてしまいました。オレはトイレへ直行するハメに。ユッケ通り、どうやら裏でつながってなどいなかったようである。

部隊鍋

今度はまた別の日。キムさんが「部隊鍋の店にいきまショウ！」という。部隊鍋。またの名をプデチゲ。聞いたことはあった。金さんによると韓国が動乱のさなかにあった朝鮮戦争時代。在韓米軍が捨てたソーセージやスパムなどを現地の貧しい人たちが拾い集め、キムチや野菜くずなどをぶち込み工夫して生まれた、金さんの生まれ故郷・ソンタンの名物料理とのこと。韓国でも1、2を争うという有名店へつれていってくれた。

席に着くと、店員さんが大きなフライパンをコンロの上に置く。なるほど、部隊っぽい。中の具材は、ごま油で炒めたキムチと豚ひき肉。ソーセージ、スパム、玉ねぎ、長ねぎ、刻みニンニク。その上に黄色いスライスチーズが1枚。牛骨スープでグツグツ煮る。キノコや豆腐、キャベツやニラなんかも入れたらさらにうまくなりそうだが「なにを入れてもいいのですが、もともと貧しい料理なのでいろいろ入ってないこの店が人気デス」とのことで、簡素こそが部隊鍋の真髄なのだろう。

煮えたらそのまま食うのではなく、銀色の器の中央に軽く盛られたごはんの周りへ、少しだけよそう。それをスプーンでごはんとからませながらワシワシと食すのだ。足りなくなったらよそい足して。ソーセージとスパムとひき肉からにじみ出た大量の旨味、キムチの辛みとニンニクの刺激、さらには野菜の甘みとチーズのコクが、牛骨スープの中でまろやかに融合されている。それがごはんと絡むことで現実に戻ってくるというか、そんな味。その発生起源からして金さんが「悲しみの料理」というだけあって、親しみやすくもナメてはいけない、隙のない味であった。

日本へ戻ってきてすぐ。早くも部隊鍋を食いたくなってしまったオレは、福岡・大名にある韓国レストランへ向かった。しかし出てきたものは小さなフライパンに、おままごとのような部隊が小競り合っているような期待はずれのもの。そこで、韓国ストアで部隊鍋のもとを購入。家で材料をザクザク切り、大きなフライパンにブチ込み、グツグツ煮込んだらその満足度の高かったこと。しかも、具材を注ぎ足せば注ぎ足すごとにうまくなる。それでも購入した材料を1日では使いきれなかったので、2日連続でいただいてしまったという。韓国の食い物。どれも中毒性が高いようである。

健康診断

九州プロレスでは、全社員が年に一度、必ず健康診断を受ける。プロレスラーは体が資本。なので健康にはさぞ気を使っていると思われるだろうか。おそらく、多くの選手がそうである。しかし、オレに限ってはそうではない。せいぜいときどき血圧を測る程度。普段から酒を飲むし、食い物に気を使うこともなく、好きなものを好きなだけかっ喰《く》らって生きている。結果、血圧と肝臓値のガンマなんちゃらとコレステロールがやや高めだった。しかし「どれも酒を減らせば改善されるものばかりです」とのお医者さんのお言葉だったので、そのうち長期間の禁酒をすればいつでも健康体にカムバックしちまうのさ！なんて安心していると、いつのまにか取り返しのつかないことになってしまうのが人間の体。とりあえずはその夜から、3日も酒を飲まなかったオイラはとんでもない小心者であると我ながら思ってしまうのだ。

さて、血圧というもの。健常な数値は135／85くらいが上限だといわれているらしい。しかし、オレの知り合いのお医者様がいうには「その人の体に合った血圧というものがあるから何ともいえない」というのが本当のところのようである。例えば動物のキリン。ご存知のように首が長い。あんなに長い首をグングンとよじ昇らせ脳まで血液を送るとなれば、ポンプとなる血の圧は高くなければ届くはずもなく。なのでキリンの血圧はその必要性から250／200もあるという。それと同じく、体の大きなプロレスラーであれば多少血圧が高いのも当然のことだと思うのだ。別にそれを言いわけにして自分を安心させようという魂胆でもなく、多少血圧が高くともそれほど気にすることはないと、オレは本心からそのように考えている。

さらに、これはあくまで憶測にすぎないのだが、もしもプロレスラーの健康測定数値がすべて普通の人と同じ範囲内だとしたら、その体では耐えられないのではないだろうか。プロレスという過酷な競技に。なんて己に言いわけを重ねながら、やはり再び飲み始めてしまっているオイラがいる。

人前で緊張しない方法

プロレスは人に見られる商売である。100人、1000人、ときには1万人以上の前で試合をする。そういうとき緊張しないんですか？とよく聞かれる。答えはズバリ「する人はする、しない人はしない」そうとしか答えようがない。そして、しない人にはそれなりの理由というか、緊張対策法が存在している。オレも、かつては緊張した。しかし、いまはしない。あるとき、オレなりの緊張対策法を確立したからである。今回はそれを皆さまに惜しげもなく伝授してしまうのである。

そもそも、なぜ人前で緊張するのか。するべきことがうまくできず、恥をかくのが怖いからだろうか。いや、それはすでに人前に立つこと自体の緊張は通り越した人の感覚である。普通の感覚であれば、多くの人の前に立つこと自体が怖いのだ。そんな人に「あなたならば必ずやれます、自分自身を信じましょう！」なんて体操のおにいさんみたいな明るい笑顔で言い聞かせても意味はない。そういう人はこうしましょう。

まず、自分の出番が何分後かを確認する。仮に30分後だとする。続いて、自分が人前に立つ時間を計算する。こちらは仮に10分だとして。ということは、すべてが終わるまでに40分。余裕をもって45分としておく。終了しているはずまでの時間が判明したら、自分にこのように言い聞かせるのだ。「あと45分後には、もうすべてが終わってここへ戻ってきているはず。あとたったの45分だ」と。すると、かなり楽になれるのです。

オレがこの方法を開発したのはまだ新人時代の30年近く前。いまでは何万人の前だろうと平気のへーな厚顔無恥オッサンに成り果ててしまっているが、当時は毎試合前すがるようにこの方法を実践していたものである。いまでもオレは出番前に緊張している新人を見かけると「余計なお世話かもしれないけど……」と、この方法を伝授している。すると、かなり楽になるそうなのだ。皆さんも試してみて。

やせる方法

ついでに「どうしたらやせられますか？」という、よく尋ねられる質問にも答えてしまう。プロレスラーなので体について詳しいと思われてしまうようである。確かに普通の人以上には詳しいかもしれないが、それほど専門知識を有しているわけではない。それでも今回は、個人的にかなり効果があると考えているし、じっさい体重が落ちていく方法について書いてしまうのだ。

オレのおすすめは、踏み台昇降である。なぜかというと、少しもきつくない運動なので継続しやすいこと。そして自宅で簡単にできるからだ。やせるための踏み台昇降、そのやり方はこうである。まずは高さ5センチほどの踏み台を用意する。見つからなければ家の中の段差でもかまわない。高すぎると腰痛になりやすいので、5センチほどがいちばんいいと個人的には感じている。

服装は、Tシャツに短パンなどの動きやすいものに運動靴を履く。素足でおこなうとすぐに足の裏が痛くなってしまうので必ず靴を履きましょう。肩の力を抜きリラックスし、腕を振りながら右左と登ったら右左と降りる。今度は左右と登り左右と降りていく。それの繰り返し。速度的には「♪ド・ド・ドリフの大爆笑」のテンポがベストだが、昭和生まれじゃないのでよくわかりませんという方は「♪あーるー晴れたあーひーるーさがりぃー」と、ドナドナを前向きな気持ちで、やや初音ミクになったつもりで歌えばスローテンポが若干速くなりベストである。まずは20分おこない、慣れてきたら少しずつプラスしていく。オレはいつも40分。テレビを見ながら、音楽を聴きながらだとあっという間である。

最初の1回目か2回目は多少筋肉痛が残るかもしれないが、そのうちならなくなるのでご心配なく。ちなみに最も脂肪燃焼効率がよいのは空腹時だといわれている。肝心なのはとにかく継続すること。最初は週に3回、慣れたら5回。実にシンプルな運動だが、オレの知人の何人もが確実に減量に成功している。ただし繰り返すが、肝心なのは継続すること。とりあえず試してみて。

会場設営

九州プロレスでは、会場設営と撤収を選手と裏方スタッフによる全社員でおこなっている。それは世界規模の巨大組織でもない限り、どこのプロレス団体も同様であるのだが。しかしそもそもプロレスの会場設営というもの、その手順はどうなっているのか。まず、会場一面に養生シートを敷き詰める。会場が所有する幅80センチほどのロールシートを、広い広い会場全面に1本ずつ転がし、広げていくのである。たいていの会場は1000人以上収容規模なので、かなり広い。そこを埋め尽くすまで延々と終わらない。正直、最も手間と根気を要する作業だ。

敷き詰めたら、会場中心にリングを組み立てる。これにはどこの団体でも1時近くを要するのだが、九州プロレスでは30分とかからない。なぜか？　世界のどこの団体にもない工夫がある。リング資材を、まとめて台車に収めているのだ。通常であれば資材をひとつずつ順番に運んでいくのだが、台車にまとめた資材をリング運搬用トラックから降ろすだけで一気に運べてしまうわけである。資材の乗った全部で七つほどの台車を設置場所まで運び、あとはその場で組み立てていくだけ。これは高島屋さんという九州プロレスを応援してくださっている企業の発案だそうで、運送業界では当然ともいえる発想なのだそうな。しかしオレは30年間プロレスを続けてきて、こんな方法を見たことがなかった。プロレス界では大発明。そして高島屋さんはリング運搬もおこなってくださっている、九州プロレスにとって、縁の下の大力持ちなのだ。

で、選手がリングを作っている間。裏方スタッフの社員たちはグッズ売店や選手との撮影ブース、協賛企業さんのノボリ、垂れ幕、入場ゲートなどを設置していく。リングがあらかた組み上がると、手の空いた選手はイス並べをおこなう。イスもシートと同じく会場が所有している。図面を見ながら、少ないときでも300から500。1000脚以上も並べるときもある。しかし屈む必要のあるシート敷きと比べ、立ったままの作業なのでできつくはない。並べ終えたときにはプラモデルを完成させたような満足感すらある。その後も裏方スタッフには選手の知らない細かな作業がきっとあれこれあるのだが、大まかな設営を終えるのにだいたい1時間弱。シートを敷く必要のない小さな会場では30分で終わることもある。世界のどこを見渡してもなかなかない屈指の早さ。いつか各プロレス団体で会場設営競争をおこなったら、九州プロレスが優勝するであろうと、オレは思う。

プロレスラーの移動事情

プロレスラーの移動はハンパない。試合地から翌日の試合地へ。国内の移動だったら長くてもせいぜい車で5時間ほどだが、かつてオレが所属していたアメリカのWWEでは試合を終えて他国への移動なんて当たり前。いちばん凄《すさ》まじかったのは1週間で環太平洋を一周しちまったツアーである。そのときはアメリカのサンノゼ↓韓国↓シンガポール↓オーストラリアの西側↓同東側↓ハワイ↓アメリカ本土に戻ってサンディエゴと。たったの1週間で、これらすべての土地で試合をした。ちなみに給油地としてアラスカ、ウラジオストク、大阪、台湾、シンガポール、ソロモン諸島のどこかの国にも途中立ち寄りつつという狂気の沙汰。

パスポートには入国スタンプの花が咲き乱れる。年に何度かあったこうした海外弾丸ツアーのさいは、会社で借り切ったチャーター機で移動していた。しかし経費節約だったのかしらないが、チャーターの機体はいつもかなり古く、どこかで見たような機体だなあ？と、よく考えたらあの「よど号」にそっくりな古い型、なんていうこともあった。

時差を利用し移動を続けながら、ほとんどホテル泊することもなく試合試合試合である。食事はほとんど機内食。ＣＡさんが「チキンｏｒビーフｏｒパスタ？」と毎食聞きに来るのだが、ツアー2日目にはもうそんなもの少しも食いたくはなく「スシ食いねえ！」と叫んでしまいそうになることもあった。これはかれこれ20年近くも前のお話だが、いまではさすがにこんなむちゃなツアーが組まれることはなく、労働環境もかなり改善されたと聞いている。

現在所属している九州プロレスでは九州のみで試合を開催しているので、博多からいちばん遠い鹿児島や宮崎でも車で4時間ほどの移動で済んでいる。おっちゃんにやさしい会社。幸せである。

2

プロレスラーを目指して

学生時代のアルバイト…引っ越し屋　その1

学生時代、様々なアルバイトを経験してきた。思いつくまま列挙してみる。引っ越し作業員、土木作業員、警備員、倉庫作業員、清掃員、工員、競馬新聞販売員、そば屋、ラーメン屋、すし屋、居酒屋、焼肉屋、洋服屋、スーパーの店員。めずらしいところでは金融会社の電話オペレーターなんてのも、大学時代には2年以上も続けた。

生まれて初めてのバイトは、中学校を卒業したばかりの春休み。引っ越し屋さんで使ってもらった。日払い。初日の作業を終えたさいに、8500円だかを受け取ったはず。まだ15歳にとっては大金だった。しかしそもそも15歳が働いてよかったのかどうかは知らないが、当時はそういうことも平気でまかりとおっていた時代だった。

高校に入学するまでの1カ月弱、ほぼ毎日仕事をもらえた。トラックに相乗りし、知らない人の家に上がり込み、荷物を運び、ご祝儀と呼ばれる昼メシ代を依頼者の方からいただき、国道沿いのラーメン屋などでメシを食い、夕刻に作業を終えて、トラックのカーステレオから流れてくる歌謡曲を聞きながら星空の下を事務所へ戻る。そんな仕事。

作業チームは、当日の朝に編成されていた。引っ越しの規模によってまちまちだが、普通の一軒家なら社員1人をリーダーに日雇いのバイトが4名ほど。たいがい初対面のバイト同士が、お互いを探り合いながらまずはトラックで移動するのだ。到着するころにはそれぞれの年齢や人柄などが判明し、なんとなくの順列が完成している。午前中の積み込み作業を終え昼メシを食う時間になると、最もイケイケな性格のバイトとそれに準ずる者が社員と同じテーブルにつき「お前も明菜ファンなんだ！」「そうなんスよ！」なんて話をワイワイとする。そうでない者はそのとなりでニコニコと相槌を打つか、おとなしい者同士で趣味の話なんかをする。オレは、どちらかというと後者だった。というか、どのチームに編成されても確実に最年少だったので、おとなしくしておけば誰からもかわいがられた。

高校に入学してからも、引っ越し屋のバイトはちょこちょこ続けた。チーム作業で大切なことは和を乱さないこと。いつもニコニコと、大きな声で「はい！」と返事をし、一生懸命働いておけば嫌われることはほとんどない。いまにして思うと引っ越し屋のバイトで、社会における初期段階での人間力がかなり培われたような気がしている。

学生時代のアルバイト…引っ越し屋　その2

福岡での大学時代。入学してすぐさま、初めてのアルバイトも引越し屋だった。すぐに仲良くなった友人と2人で応募し、採用され。その日、オレたちは同じチームに編成された。作業内容は一般家庭の引っ越しではなく、工場内の機械をとなりの新しい工場へ移転させること。社員2名とオレたちによる4人のチームらしい。指定されたトラックに2人乗り込み、後部ベッドで足を折り曲げ社員がやって来るのを待った。すると、茶髪リーゼントのアンちゃんが運転席に乗り込んできた。オレたちを振り返ることなく、無言でカギを差し込みエンジンをかける。助手席には、黒髪リーゼントのアンちゃんが。こちらはオレたちを見て「今日はしんどい作業だからよ！」と愛想よく笑った。

トラックが走り出しても、茶髪がオレたちに話しかけてくることはなかった。存在自体を無視しているカンジ。黒髪はときおり振り返っては「大学生か？」なんて尋ねてくるのだが。そして彼らの会話から、どうやら茶髪が先輩で黒髪が後輩らしいこと。さらに茶髪は社員たちの間で一目置かれている存在らしいことも判明した。敵対する暴走族のカシラをボコッてやったなんていう茶髪の昔話を「先輩さすがっスね！」なんて、黒髪がほめたたえている。オレと友人は目で合図しあい、とにかくおとなしくしておくことに決めた。すると長い信号に引っかかったさい、茶髪が初めて言葉をかけてきたのだ。

「どこの出や？」

唐突だったことと「どこの出」という馴染みなき言葉に、それが自分たちへ向けられたものであることにオレたちは気が付かなかった。

「どこの出やあ！」

やはり振り返りはしないのだが、茶髪の怒鳴り声は空中で方向を変え、オレたちを直撃してきた。

「熊本です！」

硬直したオレは、反射的にそう答えた。

「もう1人は？」

茶髪はハンドルに両腕をのせ、正面を見据えたまま尋ねてくる。すると友人は一瞬遅れて「ひょ……兵庫」と言った。

「あん？」

「兵庫……」

「あーん⁉」

「兵庫！」

泣きそうな顔。すると茶髪は「兵庫です、だろ⁉」と、初めてオレたちを振り返ったのだ。友人を睨みつけるドスの効いたその顔に、オレたちは震え上がってしまった。

現場では真面目に作業をこなしたので、はやばやと仕事は終わった。そして帰りしな。現場の社員食堂の扉に「あんみつ」と書かれた紙が貼ってあったのだ。すると茶髪は「お前らよう働いたのう！　あんみつ食ってくやあ⁉」と。実はいいアンちゃんなのであった。

学生時代のアルバイト…引っ越し屋　その3

またもや引っ越し屋の話。ある日曜日。オレがチームを組むのは、2人の社員と他校の大学生だった。そのころすでにプロレスラーを目指していたオレは体重80キロ、ベンチプレスで120キロを挙げていた。対し、他校の大学生は黒ぶちめがねのガリガリくん。社員の2人がやってきた。1人は坊主頭で、もう1人は猪八戒のような体形のどちらも中年。2人ともなぜか不機嫌そう。トラックへ「乗れ」と言うので、まずはガリガリくんが乗り込もうとすると「俺のトラックはドキンだ」と坊主頭が言うではないか。32年ほど前のこのとき、ドキンという言葉はまだそれほど一般的ではなかった。「ドキンてなんですか?」やはり首をかしげているガリガリくんが尋ねる。すると坊主頭は「はぁ…」と大きくため息をつき「ドキンて言ったら土足厳禁に決まってんだろ」と、心底めんどくさそうな顔で答えたのだ。猪八戒が「お前ドキン知らねえのか」と追い打ちをかけてくる。どうやらガリガリくんは2人に目を付けられてしまったようだった。

作業は、大学医学部の機材の移転だった。オレが1人で運べる機材を、ガリガリくんは運べない。すると坊主頭と猪八戒は軽いものばかりを運びながら、ガリガリくんを口撃するのだ。そして事件は起こった。畳ほども大きく、ぶ厚い板を運ばされていたガリガリくんが、こらえ切れずに手を放してしまった。その瞬間をオレと坊主頭は目撃していたが、不意を突かれたのが猪八戒。日曜日で無人の校内に響き渡る壮絶な落下音に「ぎゃあっ！」と悲鳴を上げ飛び跳ねたのである。肩をすくめるガリガリくんの胸ぐらを「何やってんだよ！」と、自制心を失った猪八戒がつかむ。「何やってんだよ！」。もう一度繰り返した。震えているガリガリくん。その状態が数秒間続いたのだが、バツの悪さとさすがに大人げないと思ったか「何やってんだよ…」と猪八戒は口調をだんだんソフトに修正した。そして「何やってんだよ…もしも足の上に落として指でも切ったら、お前の母ちゃんが泣くことになるだろ！」と、心にもない言葉で自分の評価を上げようとしたのである。

移転は数時間で終わったが「会社に言うなよ」と河原に停めたトラックにオレたちを残し、2人はパチンコ屋へ消えていってしまった。数時間後に景品を抱え戻ってきて、夕刻にやっと帰社。「なんでこんなに時間かかるんだ?給料から引いとくからな」という上司に対し、2人は陰で「時間かかったよな！」とブーたれていた。帰りしな。あまりに気の毒だったガリガリくんに、オレはちゃんぽん大盛をおごった。

学生時代のアルバイト…西鉄二日市駅前ひさや

大学1年の夏の終わりから、いまも西鉄二日市駅前にある「ひさや」という料理屋でアルバイトしていた。先代がまだ元気なころで、今現在の店主は幼稚園児だった。バイト初日。夕方5時から閉店までの勤務だったので4時半ごろに店へいくと、当時パート勤めだった秀美さんというおばちゃんに「これでテーブルとカウンターばきれいに拭かんね」と濡れ布巾を手渡された。拭いていると、現在の店主が先代の車で幼稚園から戻ってきて、見知らぬオレを見るなり「あんただれ？」と首をかしげていたものである。あれからすでに34年もの月日が過ぎ去っているのか。

店の2階は大広間になっており、夜な夜な集団客が宴会を開いていた。宴が終わると片付けの時間。オレ1人で任されることが多かったのだが、宴会場を片付けながら、オレは皿の上の食い残しや瓶の中に残った酒を毎度必ず失敬していた。いつも腹が減っていたし、どうせ捨ててしまうのだからもったいない。しかしこれはオレだけではなく、同店でバイトした大学生の男であればきっと全員が同じことをしていたのではないか。そもそも先代からして「さっき上で残りモン飲み食いしたろ？」と、ニヤつきながら探ってくるほどだったのだから。それが悪いことという認識は誰にもなかったわけである。

そんなひさやで、ある日のこと。その日は予約がこれでもかと入っており、相当忙しくなることが予想された。オレも秀美さんも準備万端に身構え。と、開店と同時。ガラガラと引き戸が開いて、帽子をかぶったおばあさんが入ってきたのだ。「あのう、カレーライスいいですか？」遠慮気味に声をかけてくる。予約客ではない飛び込み客。しかしオレも秀美さんも、まもなく次々押し寄せてくる予約客だけに備えたかった。なので出来れば1人として入れたくない。結果オレたちは、おばあさんの声を聞かなかったことにした。何食わぬ顔でそれぞれテーブルの上を片したりなんかして。おばあさんはもう一度言った「あのう、カレーライス…」。無視。おばあさんは背中を丸め、店を出ていってしまった。それを見た秀美さんは「なんねアレ？」と怪訝な顔で一言。なんねアレも何も、ただ普通にカレーライス食いに来たお客さんでしょうがあ！　と同罪であるにもかかわらず、オレは心の中で叫んでいた。いまでもあのときのおばあさんには申しわけなかったなと思うことがあるし、だけど人間ならそういうことだってあるよなと、開き直っちゃうオレがいたりもする。

学生時代のアルバイト…電話金融　その1

大学2年の秋。学内のアルバイト募集掲示板で、目を疑うような貼り紙を見つけた。時給1000円。一般的に650円あたりが相場だった時代に、破格の高給。オレはすぐさま学生課を訪れ、そのバイトを紹介してもらった。

電話金融。会社所在地は博多駅のすぐちかくとのこと。ナニワ金融道が流行っていた時代。若干の脅えを抱きつつも、とにかく一度話を聞いてみようとオレは博多へ向かった。その会社は、いまはなき博多スターレーンの目の前にそびえ立っていた。とっくのむかしに別会社へ入れ替わった今現在も、ビル自体は当時の姿のまま存在している。1階は貸付業務をおこなう店舗となっており、笑顔の素敵なお姉さんに「いらっしゃいませ!」と声をかけられたオレは「面接です!」と即座に否定していた。

2階にとおされると、スーツを着た若い係長が自己紹介するとともに「やるんだろ?」と、大きく吸い込んだ紫煙を吐く。オレはこのころお金をためて、4カ月後に初めてのメキシコへいくことを決めていた。なので、時給1000円は神様のお導きなのだろうと判断した。「やらせていただきます」「じゃ今日からやれ」とんとん拍子に話はすすみ。支払いの遅れているお客さんに督促の電話をかける。もしも話がこじれたら社員に代わる。指示されたことは、ただそれだけ。なんとも実戦主義な会社であった。

簡単な応答マニュアル説明を受け、さっそく電話。1回目こそは緊張したが、3回もかけたらなんてことなくなってしまったのには「人間どんなことにもすぐに慣れてしまう生き物」という、ナニワ金融道の主人公・灰原さんの上司である桑田さんの名言が頭をよぎった。

初日だけで6000円も稼ぐことができた。給料は翌月末に振り込まれる。絶対に出なくてはならない授業以外の時間をこのバイトに費やせば、4カ月後にメキシコへいく費用も余裕で捻出できてしまう計算。係長は「イメージが悪いのかバイトが集まらなくて困ってるんだ、稼ぎたい友達がいたらつれてこい」というので大学で声をかけると、最終的には4人ものダチが加わることとなる。

時給が高く、座って電話で話していればチョチョイのチョイ。実にいいバイトであった。しかし、好事魔多しというやつか。ある日のこと。4人のバイト仲間のうちの1人がとんでもない事件を引き起こしてしまい、オレまでもがその渦に飲み込まれることとなる。

学生時代のアルバイト…電話金融　その2

電話の権利を担保にお金を貸す電話金融。オレたちバイトの役割は、その月の支払期日を過ぎているお客さんに「今月のご入金はいつごろになりますでしょうか？」とソフトに催促し入金約束を取り付けることである。そんなある日。係長がちょっとこいとオレを手招きしている。

「お前きのう、客の留守電に余計なこと吹き込んでないか」

身に覚えはなかった。

「何かあったんですか？」

「誰かが『首洗って待っといてください』ってバカなメッセージ残したらしいんだよ」

佐藤くんのしわざだ！と直感した。バイト仲間で一番面白い人間である彼は、世の中をナメくさった極度の調子のりである。しばらくし「ちわーす！」といつもの調子でやってきた佐藤くん。係長に問い詰められると「言った…かもしれませんねハハハ！」と、彼らしい反応。オレたちは督促のさい、佐藤か鈴木という偽名を名乗るよう会社から指示されていたのだが、佐藤くんは本名では面白くないと鈴木姓を用いていた。そして、首洗って…というメッセージは鈴木を名乗る男が残しているとお客さんはカンカンらしい。「うちは大手だ！　街金マンガのセリフみたいなこと言うな！」係長はカンカンであった。

それでも佐藤くんが責任を追及されることはそれ以上なく。オレたちも普通に仕事を始めた。そして、お怒りのお客さんは要対応案件リストへ移動になっているべきはずがなぜか処理されておらず、オレがその日たまたまかけた1件目がそのお客さんだったのである。

「おう！きのうおたくの誰かがとんでもない留守電残しとりましてねえ。さっきもそのことで文句つけたんやけど、聞いとらんかねえ？」

知らないふりをした。

「俺はね、それなりの機関に訴えようかと思っとるのよ、脅されたって」

「はあ……」

「ところでアンタの名前は？」

「はい……鈴木です」

佐藤と言えばよかったのだが、オレも常用していた鈴木姓がつい口から出た。

「ほほう、その留守電も鈴木という男が残しとってね……」

刑事が犯人を特定する前の、もったいつけたフリのような口調だった。しばらくの間があって。

「アンタの声によう似とった！」

電話口の向こうに、勝ち誇ったニヤリ顔が見える。しかし犯人はオレではない。瞬時に頭をフル稼働させ、冷静な口調で返した。

「そうですか、うちには鈴木が何名かおりますので。それに私はきのう休んでおりました」

どのようにして会話が終わったのかは覚えていない。しかし、この電話金融でのバイト時代。その後のプロレス人生で必要となる「瞬時のかけひき」を大いに学べたことは間違いないと思うのだ。

オレがプロレスラーになる前

大学4年生の秋。卒業後はメキシコへ渡りプロレスラーになる決意を固めていたものの、そのために必要なもの。それは、お金。現地でデビューするまでの修業期間を1年と見積もっても、渡航費や生活費などで最低100万は必要そうだった。しかし、そんなお金はない。ではどうするか。オレは考え方を変えた。まずはメキシコとゆかりの深そうな日本の団体に入門し、デビューし、ある程度の実績とお金と人脈を蓄えたのち退団してメキシコへ渡るのだ。そうと決めたら即実行。ある二つの団体に履歴書を送った。そして、返事はすぐに来た。どちらも不採用。理由は、背が低いからということだった。当時はまだプロレスが毎週テレビ放映されていたギリギリの時代。人気ジャンルでレスラー志望者も多かったので、入門基準は最低でも180センチ。そんな時代だった。

これはやはり、単身メキシコへ渡るほかはない。オレは再び考え方を変えた。とりあえず就職する。体を鍛えながらお金を貯めて、1年後にメキシコへ渡るのだ。であれば、会社を選ぶ基準は給料が高いこと。仕事の内容は問わない。入れればどこでもいい！　それはどこだ？　灯台下暗し。ずっとバイトしていた電話金融会社。そこの正社員になることで破格の高給取りとなれることが判明したのだ。

当時の大卒初任給は平均18万円前後。しかし、バイトしていた金融会社では22万円。さらに30歳になるころには1000万円の年収が約束されているという。どうしてそんなに高給なのかというと、一つはじっさい儲かっていたから。そして社員の男女比が1：9なので男は必然的にすぐに管理職へ回らなければならず、かなり心労が伴うので高給でないと離職してしまうから、とのことだった。もっともオレは1年間しかいるつもりはなかったわけだが、とりあえず貯金しまくるにはうってつけ。いつもバイトで顔を合わせていた九州支社長に相談すると「いいけど社長の面接は一応受けてくれ」とのことで、正規の手順を踏み、翌年の春。オレは20名ほどの同期とともに、晴れて新卒の社会人となったのである。そして、全国数ある支社の中から配属されたのは神奈川の川崎支社。寮は会社と同じビル内なので通勤時間0分。終業は遅くとも夜9時。仕事後に、多数のレスラーを輩出したことで知られる、川崎から電車で1時間弱の浅草はアニマル浜口ジムにかようのにうってつけの環境だった。

サラリーマン時代

電話金融入社前。大学最後の春休み。オレは2度目となるメキシコで、プロレスのジムに40日間かよった。仲良くなったジム仲間たちに1年後には必ず戻ってくると約束し「あくまで一旦」のつもりで日本へ帰った。大学時代の4年間住んだ福岡のアパートを引き払い、会社直結な寮のある川崎へやって来たのは、就業前日のことだった。

5階建てのビル。1Fが店舗窓口、2Fがオフィス、3F以上は寮になっていた。寮は3人部屋。他の2人はすでに入寮し良い部屋を確保しており、残っていたのは台所とつながった、ほぼ居間。それでもしょせん仮の宿。頭の中にはメキシコしかないオレに不満はなかった。

業務内容はバイト時代に把握しているつもりだったが、社員にはワンランク上の仕事が待ち構えていた。入社から1週間もしないうち「きょうから裁判所での弁論が主な仕事や」と大阪出身の支社長。「法律のことなんてわからないですよ」「アホ、習うより慣れろや!」。しどろもどろで裁判所へかよい続けた。

仕事を終えると、浅草のアニマル浜口ジムまで毎日かよった。日曜日のレスリング特訓にも。会社の人たちはオレを「プロレス好きの変わり者」くらいにしか考えていないようだった。初任給は本当に22万円振り込まれた。そんな生活が3カ月ほど続いたころ、ＩＷＡジャパンという新しいプロレス団体ができた。会長にはメキシコのプロレス界に太いパイプを持つ、ビクター・キニョネスというアメリカ人が就任。旗揚げ戦から一流メキシコ人選手を招聘するという。これだ！　と直感した。新人も募集している。しかも身長は問わないという新機軸。すぐさま履歴書を送ると、面接に呼び出された。会社には2度ウソをつき、平日に指定された面接と入門テストをこなすと、晴れて合格を言い渡された。さて、入社からまだ3カ月しか経っていないのに、なんといって会社を辞めよう。ここは素直に、2度ウソをついたことも含めありのままを話すことにした。すると支社長は「そか、がんばりや」とただ一言。「どうせいつかプロレスいくんやろってみんな話よったねん！」「やっぱりわかりましたか」「アホ、誰でもわかるわ！」。こうして短い社会人生活を終え、その後30年以上も続くこととなるプロレスの道へ足を踏み入れた。それは同時に、売れるまでは金にならない芸の道でもあるのだが。それでもやっと念願叶ったオレにとって、お金のことは問題ではなかった。この時点では、まだ。

仕事観

それでもプロレス界入りにさいし、オレが真っ先に団体に尋ねたのはお金のことだった。いくらもらえますか?と。新人がいきなり金のこと聞くか?的空気は感じたが、そこをうやむやにしたままでは道を歩み続けることができなくなってしまう。デビューするまでの期間は給料なし、デビューしたら1試合7千円。それがすべて。平成6年のことである。しかし、デビューまで無給では食えない。貯えは多少あったが、すぐに底をつくのは明白だ。「ならその間はどうしたらいいですか?」「バイトでもしないとね、うちは大きな団体じゃないんだから」。会社を辞めてまでプロレス界に入ったのに、いまさら他のバイトなんてしたくはなかった。なので、即効で頭をフル稼働させ提案した。なんでもするので事務所で使ってもらえませんか、と。ならば月給7万円出すとのことで、事務所の雑用と練習生の二足のわらじから、オレのプロレス人生はスタートした。

デビュー戦はたったの3カ月後。すでに体はできていたとはいえ、急遽退団した選手の欠員として穴埋め的にデビューしたのだ。内容はさんざんたるものだったが。

その月は3試合したので、いただいたギャラは2万1千円。事務所の月給と合わせ9万1千円。これを安いと受け止めるのか。オレは、相当にラッキーなスタートだと考えた。なにしろ、好きなことをしただけなのにお金がもらえたのである。そこに「仕事をした」という感覚はない。なので思った。好きなことを仕事にしてしまえば、一生仕事をしなくてすむんだな、と。しかも他の同期はそれぞれどこかでバイトをしながらプロレスを続けている。オレは事務所で働けていたので、常にプロレスの世界に身を置くことができていた。そのことだけでも大いにラッキー。ただ、そうなれたのは最初に自分でそれを提案したからである。だから、こうも思った。ダメもとで、どんなことでもお願いしてしまえばいいんだなと。ド新人ながら、プロレス界で早くもつかんだ二つの気付きだった。

その後は来日するメキシコ人たちとも闘いながら、順調にキャリアを積み重ねていった。そして1年後。ＩＷＡを退団し、築き上げた人脈を頼りにメキシコへと旅立つ。なけなしのギャラをコツコツ貯め、また家族にも助けられながら、最終的な所持金は25万円。もしも現地で稼ぐことができなければ、その程度のお金はものの3カ月でなくなってしまうはず。だが、不安はなかった。まだ25歳。若かったのだ。

入門志願者のさまざまなる履歴書

皆さんは、プロレスラーになるためにはどのような順序を踏まえるのかご存じだろうか。アマレスや柔道などで優秀な成績を残しスカウトされるなんてのはあくまで特例として。ごく普通であれば入団したい団体に履歴書と上半身裸の全身写真を送り、書類審査をパスしたのち体力テストを受け、合格したら晴れて入門、という形が一般的である。

で、履歴書というもの。ときどきヘンなものが混ざっている。というか、ヘンな志願者から送られてくる履歴書は、やはりどうしてもヘンなのである。これまで目にしたヘンな履歴書。その筆頭。証明写真を貼るべき欄に、全身写真が貼りつけられていた履歴書を見たことがある。タテ40ミリ×ヨコ30ミリの顔写真を貼るべき小さな枠内に、10メートルほど離れた位置から撮ったミクロマンのように小さな全身写真が貼られていたのだ。ちなみに彼の志望理由は「プロレス界でビッグな男になりたいのです」とのことだった。

そして、上半身裸の全身写真。確かに上半身裸で全身がしっかり写っているけれども…という写真を見たことがある。どういうものかというと、バイクを降りた暴走族が路上にたむろすときの座り方。いわゆる不良座りで写っていたのだ。しかも白いブリーフに金髪リーゼント。なめんなよオラ！とばかりにカメラを睨みつけている。まるで、フンドシ一丁で真冬におこなわれる地方の荒っぽい祭りに参加するヤンキーのようだった。

さらに、気をつけした上半身裸の写真。普通である。問題ない…というわけでもなかった。なぜかというと彼のすぐ足元に、おうちで飼っているウサギさんまで写ってしまっていたのだ。撮るさいに気が付かないのはギリギリわかる。しかし、撮り終えた写真を確認するとき気がつかなかったのだろうか。あるいはウサギさんが写っていることで加点されるかもとたくらんだのかもしれない。

そして、最後。やはり気をつけした上半身裸の写真。それの何が問題だったのかというと、ゴミ屋敷のようにちらかりまくった部屋で写されていたのである。特に、散乱しまくる丸めたチリ紙の数が凄まじかった。そんなものが足元にいくつもいくつも散らばっているのだ。で、こういう子たちが書類審査をパスしたのかというと、残念ながら全員ボツであった。だって、そりゃそうでしょ。

3

舞台は海外へ

異国に来たことを実感した原体験

はじめての海外は、大学2年の10月にひとり訪れたプサンだった。福岡からかめりあ号という大きなフェリーに乗り。確か片道7000円もしなかったか。夕刻に出発し夜中に到着してしまうので、入管ゲートが開く朝まで沖に停泊。なので、初めて海外の地を踏んだのは明け方だった。港からは、どこへいくのかわからないバスに乗った。街へいかないはずがない。そんなつもりで。言葉はなにひとつわからなかったが、韓国人の見た目が日本人と大差ないからか、不安になることはまったくなかった。

この時点で、オレはその4カ月後に初めてのメキシコへいくことを決めていた。前年の秋に、いまはなき博多スターレーンで観たメキシコのプロレスを直輸入した団体で、日本ではレスラーになれずメキシコへ渡り現地で成功し逆輸入された浅井さんというレスラーをオレは目撃していた。その生きざまに感化されまくり、メキシコへ渡ってレスラーになるんだと決意。大学時代からいけるときにはメキシコへいき、卒業したら本式に渡ろうと。その初渡航を4カ月後の2月にさだめていた。そのための、いうなれば海外渡航予行演習。

そんなつもりのプサンだった。

到着したのは、プサン中心街のようだった。腹がへっている。朝めしを食わねば。道端にズラリと食い物の露店が並んでいる。白いスープに入った温麺のようなものがやけにうまそうだったので、調理をしているおばあさんに人差し指を立て「ひとつ」と日本語でお願いした。すると……いきなり韓国語で怒鳴られてしまったのだ。おばあさんは表にまで出てきて、オレを指さしいつまでも怒鳴ってくる。もちろん、食わせてなんかもらえない。というか、周囲の人たちの視線がいっせいにオレに集まっているのでカッコ悪くて仕方がない。オレはカバンを抱え、一目散に逃げ出した。反日感情？とぼとぼ歩きながら、そんな言葉が頭に浮かぶ。一気に心が折れていた。

しばらく歩くと、「ニホンジン？」と露店のオッサンが声をかけてきた。現地の人とは微妙に異なる服装の雰囲気からそう感じたのかもしれないなと思った。「ドウゾ！」と手招きしてくる。ありがたい。メシが食える。カタコトの日本語を喋るそのオッサンに、先ほどの出来事を話してみると「韓国キタラ韓国語デス」と実にシンプルな見解。なるほど、確かにそうだ。もしかするとあのおばあさんも同じことを伝えたかったのかもしれない。このときの出来事こそは、異国に来たことを実感した原体験だったと思うのだ。

メキシコ　その1

サッカーと並んで国技級にプロレスがさかんな国、メキシコ。特に体重80キロ前後の軽量級は選手層が厚く、小柄で海外志向の強い日本人レスラーであれば、たいてい一度はメキシコで修行をする。レスラーの中では小柄な部類に入るオレも、25歳からの半年ほどと27歳からの1年弱を首都のメキシコシティで修行していた。標高2200メートル超。雲が浮かんでいるのは2000メートルからとのことで、雲よりも高い場所である。標高が高いので空気が薄い。しかもスモッグで汚れている。早歩きするだけで息があがる。アパートの3階に住んでいたのだが、よっぽどゆっくり上がるか途中で休まなければ部屋まで辿《たど》りつくことができなかった。プロレスラーのオレが、である。

とにかくあせらず、ゆっくりゆったり過ごすこと。それはメキシコシティで生きる上での鉄則のようなもの。人間ばかりではなく、やたらと多い道ばたのノラ犬もゆっくりゆったり、日がな一日寝てばかりいる。ときには人間まで一緒に寝ている。一度、道路の溝におっさんが寝ていてあやうく踏みつけそうになり悲鳴を上げたことがある。

待ち合わせをすれば誰もが必ず遅刻してくる。そんなメキシコ人たちのペースに、日本人としてはイライラが募ってくる。オレはある日、やはり待ち合わせに遅れてきた現地のレスラーに皮肉を交えてこう尋ねた。メキシコ人は人生に対してヤル気というものがないのか⁉すると、彼はこう答えた「空気が薄いから仕方がないんだ、だけど標高の低い町へいってごらん。みんなとても勤勉だから」。

しばらくして、海抜0メートルのアカプルコという港町で試合が組まれた。シティからはバスで6時間。久々に吸いこむ酸素に満ちた空気。照りつける太陽。青い空と海。さて、人々はというと…バスターミナルのベンチにいきなり、寝転がっているオッサンを発見した。町中にもシティとたいして変わらぬ光景が広がっている。空気の薄さなど関係なく、単なるお国柄のようであった。

メキシコ　その2

麻薬戦争だの銃乱射だの、メキシコといえばおっかないニュースばかりが耳に飛び込んでくる昨今。しかし現地で暮らしてみればわかるのだが、どこもかしこも危ないということは決してない。世界各地を周ってきたオレの持論として「普通に住んでいる人がいるのであれば、そんなにも危ないはずがない」のである。

危険なエリアはもちろんある。そして、おっかない事件はたいがいそういう場所で起きている。普通のエリアで普通に暮らしてさえいれば、危険な目にあうことはほとんどない。オレ自身がそうだったので、自信をもってそういわせてもらう。だが、危険なエリアで試合が組まれてしまった日にはなにがなんでもいかなくてはならなかった。おっかないからと拒否してしまったら翌日からの試合は組まれない。メキシコでのプロレスは日本とちがってレスラーが会社に囲われているわけではなく、ほぼ全員がフリーである。

さて、2週間に1度の金曜日。オレは必ずネッサウワルコヨトルという舌を何度も噛《か》んでしまいそうな、おっかないエリアで試合を組まれていた。会場へは地下鉄の終点まで乗り、そこから乗り合いバスで40分もかかる。行きは、いい。空はまだ明るいし、人も多い。問題は帰り。ちなみにメキシコのプロレスが始まる時間は夜の8時が多く、終わるころには11時を過ぎている。真っ暗闇でバスを待ち、そんな時間に何の用事で乗っているのかわからない人たちと無言で同席するのだ。ナメられたらおしまいである。なのでオレはいつも「銃を持っている危ない東洋人」を演じていた。懐に手を突っ込みバスに乗り、終始ニヤニヤしていたのである。そんなことをするのはもちろん怖い。

しかしいまにして思うと、向こうだってきっと怖かったのだ。そんな時間に、ヘンピな場所で乗り込んでくる東洋人が。そんな思いをしてまで、オレはメキシコに居続けた。それほどまでの夢とロマンが、プロレスにはあるのだ。

メキシコの仙人

メキシコでの修行時代。試合中に左肩を亜脱臼してしまったことがある。当時は日本人が経営する安宿に住んでいたので、在墨歴の長い日本人オーナーに相談してみたところ「メキシコの医者はやめた方がいい」と。オーナーは右手の腱鞘《けんしょう》炎で現地の医者にかかったさい左腕に注射を打たれ、おかしいと思い問い詰めたら、明らかに苦しい言いわけをしていたというヤブ医者の逸話を披露してくれた。

「ではどうしましょう?」「接骨の達人とよばれる先生がいるらしいから調べてみるよ」「日本人ですか?」「そう、仙人みたいな人という噂《うわさ》」「それは治してくれそうですね」。なんてやりとりがあり、連絡先が判明した。予約を入れ、先生を訪ねる。出てきた先生はツルツル頭に白い眉。本当に仙人然としていた。看板は出しておらず、自宅で施術しているようであった。奥に通されると、それなりに治療院っぽい設備が。オレの肩を動かし、ふむふむとうなずく仙人。「これは…」「はい」「電気治療をします」「そうなんですか?」。仙人なのに科学に頼ることが意外だった。

で、やけに旧《ふる》そうな電気器具の準備をしている。コードの先にパッドが2枚。下敷きのように大きかった。肩を挟むように胸と背中に貼られスイッチオン。いきなり強かった。意志とは無関係に左腕が勝手に動くこと動くこと。どれくらい動くかというと、赤塚不二夫マンガのシェー！のようになってしまうのだ。20分ほどそれが続き、仕上げに肩のまわりをじっくりと揉《も》まれたのだが、それがやけに痛かった。終わったころにはクタクタの搾りカス状態。宿に戻ってくると管理人が「どうだった？」と聞いてきたので「良く……なったような気がします」と答えたのだが、病状はさほど変わらず。

結局、完治するまでに3カ月ほどを要したのであった。で、数年前。親しい接骨院の先生にこの話をしたら「心臓の近くにパッドを貼るなんて危険ですよ！」とのこと。どうやら仙人ではなく、ただのインチキ爺さんだった可能性が非常に高いのである。

ロッキーの低周波治療器

メキシコへ渡る前、低周波治療器を愛用していた。3千円ほどで購入した小さなやつ。普段の道場稽古のあとはもちろん、遠征先にも持参していた。すると他の選手が「貸してくれ」とお願いしてくるのだ。貸すのはかまわないが、使用するたびパッドの粘着力が弱まってきてしまうので、それだけが気がかりだった。

しかしある日、パッドだけ別売りされていることを知る。そのころには患部に貼るとペロリと剝がれてしまう状態だったので、すぐに買い替えた。すると当時所属していた団体にメキシコから招聘《しょうへい》され、試合のない日はコーチとして半年ほど日本滞在していたロッキー・サンタナというベテラン選手が「俺もそれがほしい」と言い出したのだ。15歳上だったロッキーとオレは仲が良く、プロレスだけではなくスペイン語も毎日教えてもらっていた。「タジリがメキシコに来たら何から何までめんどうを見てやる」ともいってくれていたので、オレはロッキーにメキシコでは売られていないという低周波治療器の新品をプレゼントした。

しばらくたって、ロッキーは契約期間の半年を勤め上げメキシコへ帰っていった。翌年。オレはその団体を辞めメキシコへ渡った。その後はアメリカまでたどり着き結局8年間も海外にいるのだが、それはさて置いといて。オレはメキシコで、ロッキーと再会した。あいさつもそこそこに「新しいパッドを持っていないか」と尋ねてくるロッキー。プロレスと同時並行に低周波治療器を用いた商売をしているという。

「日本で半年間、東洋医学を学んできたという触れ込みなんだ」「東洋医学なのに治療器を使って怪しまれないんですか?」「施術前に日本の祈祷《きとう》師っぽいお祈りをささげれば、まず信じる」とのこと。「パッドはないです」「そうか、残念だ…」。パッドの粘着力は弱まろうとも、インチキしてでも稼ぐんだというロッキーの商魂はすさまじく強かったというお話である。

海外の日本食　メキシコ

メキシコで修行していたころは金がなかったので、露店のタコスばかり食っていた。当時は5個で100円ほど。10個食っても200円そこら。しかし日本人にとって、タコスはそんなにいくつも食えるものではない。油っこいし、遺伝子的になじみのある味でもないのですぐに飽きてしまうのだ。だが、それでは痩せてしまう。痩せてしまったらプロレスラーは商売にならないのだ。タコスではなく、腹いっぱい日本食を食いたい！メキシコシティのスモッグに覆われた空の下、考えることはそればかりだった。

家から少し離れたところに日本食材屋はあったのだが、すべてが空輸品で高価なため買えるものはほとんどなかった。安かったのは日系人の店主が現地の材料から作る、角のほころびた豆腐くらい。しかし異国で豆腐の袋をぶらさげ、トボトボ帰るのもご先祖様に顔向けできない。なので多少お金に余裕のあるときは韓国焼き肉屋で米とキムチを買っていた。米は5キロで800円、キムチは梅酒を漬けるような大瓶で500円ほどだったろうか。細長い外米なら現地スーパーでもっと安く買えたのだが、やはり日本の米と較《くら》べてしまうと口に入れたさいの違和感がどうにも苦手だった。

で、キムチをフライパンで焼き、丼めしにのせ、さらに目玉焼きをのせて。そんなものばかり食っていた。しかしエセ日本食ばかりではココロが満たされることもなく。むしろ本式な日本食に飢えてくる。そういうときは、メキシコシティでいちばん…いや、3番目に安い日本食レストランへ繰り出していた。ちなみに1番安い店は論外であった。いちどカレーを頼んだら、ごはんの上に現地の辛く黒いソースをかけたものを自信たっぷりに出されてしまった。2番目も似たり寄ったりで。3番目でやっとマトモなものにありつける。レストラン東京という、ステレオタイプなネーミングの日本食屋である。

いつも東京定食なるものを頼んでいた。ごはん、味噌《みそ》汁、刺し身、天ぷら、鶏の照り焼き、仕上げにパパイアとメロンがついて700円ほど。常時金欠だったオレにはとんでもなく高かったが、それらしい日本食が食いたくてどうしようもなくなるとお世話になったものである。なにしろ刺し身のわさびを醤《しょう》油に溶かし、箸先にチョコッとつけてごはん2杯はイケたのだ。これ以上はない、若き日特有の贅沢《ぜいたく》だった。

国際電話

現在でも、国際電話をかける人っているのだろうか。なにしろLINEやらなにやらで、世界のどこへでも無料通話し放題の時代である。しかしまだそんなものがなかったころ。国際電話はとにかく高かった。メキシコで修行していた当時、どうしても日本へ電話しなくてはならないときは公衆電話を利用していた。当時住んでいた貧乏旅行者宿に電話はなかったし、そもそもメキシコ国民でも電話なんて引いていませんという人が珍しくもない時代だった。いうなれば、インフラ未整備時代。そういう国での電話代は高い。国際電話となればなおさらだ。

なので時間制限のある公衆電話でないと危険である。気付いたら1時間も話していた、なんてことになったら破産してしまう。さて、当時のメキシコからの国際電話。まずはテレホンカードを買う。30ペソと50ペソの2種類があった。邦貨に直すと当時のレートで400円と700円ほど。露店のタコス5個が100円で食えたので、かなり高価な買い物である。

しかし30ペソでは使い物にならない。日本までだと、たったの40秒しか通話できないのだ。50ペソでも1分半。しかしそれ以上の額のカードは売っていないので相手につながると同時に「すみません！タジリですけど1分半しかないので用件だけ言います！」と、一方的にガナリ立てるように話すのだ。カンジ悪すぎ。

ちなみに日本で庶民が携帯を持ち始めるのは、このおよそ2年後のこと。なので家族と暮らす友人にかけた場合、反応の遅いおばあちゃんが出てきたら大変である。「ああっ！誰だって？」なんて言い合っているうち切れてしまったことも何度かあった。

そして当時のメキシコの公衆電話の何割かは、無残なまでにブッ壊れていた。電話線が切れていたなんていうのはまだ序の口。中には受話器と雨よけの間に鳥が巣を作っている、なんていう凄《すさ》まじいものを見たこともある。デタラメなことの多い、楽しい時代だった。

プロレス界お金事情

当時のメキシコは、ペソの貨幣価値が低かったとはいえ、現地プロレス界の景気はそこそこ良かった。オレは幸いにも毎週のテレビ中継に登場するポジションで活躍できたので、試合数もかなり多かった。毎週平均4試合。サッカーと並ぶ国技級にプロレスが人気なメキシコ。日曜日にはメキシコシティだけでも50以上のショーが開催されるので、朝からかけもち3試合こなすこともあった。ギャラは、会場の客入りに比例して増えていく仕組み。なので大きな会場に出られる人気選手ほどギャラが高く、そうでない人はいつまでたっても安いまま。オレは2万人収容規模の会場に出ることもあったし、200人程度の前で試合をすることもあった。だから、ギャラもまちまち。大きな会場で、だいたい1試合邦貨5千円前後だった。円に直すと実に安いが、現地の食堂で定食が300円で食えたので、まあ悪くはない。小さな会場でも千円ほどは稼げた。そして最初の月。稼いだ総額が邦貨で8万円を超えていたのだ。これにはテンションが上がった。定食266食分。日本なら定食が700円として、19万円ほど稼いだことになる。本当のプロになれたという自覚を抱けた、初めての瞬間であった。

半年後。体調的理由で一時帰国したさい「入団したら毎シリーズお前の選んだメキシコ人選手を2人呼んでやる」という言葉に魅力を感じ、大日本プロレスという団体の所属になった。高くはないが一応は固定給があり、それプラス1試合7千円。しかし21試合も闘った月でさえ、給料は20万円に届かなかった。そのころすでに27歳。そろそろ将来のことも真剣に考え始める歳。すると、メキシコへの情熱が再燃してきた。そうだ、メキシコで大出世することこそがオレの原点ではなかったのか。しかし「もう一度メキシコへいきたいのでやめさせてください」と伝えても、会社は了解してくれなかった。そのころすでに、オレは団体にとっての大きな戦力となっていたのだ。オレは、誰にも告げずにメキシコへ渡った。関係者やマスコミにはさんざん言われていたようだけれども、向こうで成功すれば必ず帳消しにできる。そう信じていた。そして、やれるはずだ、と。

自信があるならやればいい。ないならば留まり続けるしかない。誰が何を言おうとも人生たったの一度きり。必要悪に手を染めなければいけない瀬戸際な局面だってある。そうして、再び訪れたメキシコ。しかしそこで待ち受けていたのは、2年の間にドン底まで悪化してしまった国家自体の経済状況だったのだ。

北へ、北へ

景気が悪化すると仕事がなくなる。ただでさえ少ない仕事を外国人に回してやる必要はない。再び訪れたメキシコは、まさにそんな状況だった。試合がない。たまに入ってもギャラが安い小さな会場ばかり。貯えはどんどん減っていった。そのころいちばんの楽しみは月に1度、日本レストランで邦貨500円ほどのざるそばを啜ることだった。節約のため、普段は米に目玉焼き。安いサボテンの漬物に醤油をぶっかけて食ったりもした。これからいったいどうなるのか。未来には不安しかなかった。

ある日。治安の悪い市場でシャンプーが安く売られているという情報をつかんだ。生活必需品は、なくなったら買わなくてはならない。歩いて30分ほどの距離。背中を丸めトボトボ向かった。コソ泥が多く、殺人だって珍しくはない最悪の市場。シャンプーは、樽に詰められ売られていた。それを大きなスプーンですくい、ビニール袋に入れてくれる。確かにスーパーよりは安いのだが、激安というほどでもない。労力ばかりを使い、損した気持ちになった。同じ道を30分かけ歩いて帰る。西陽がつよい。空気に舞うホコリが、にじみ出る汗にまとわりつき皮膚がだんだん汚れてくる。もしかするとこのまま終わってしまうのではないか。なにが？　すべてが。そんな状況が変わることなく続いた。

そんなとき、潜在意識活用の本を読む機会があった。『いまあなたを苦しめている出来事は、陽の当たるべきあなたの人生に射す一瞬の陰にすぎません。そこから出ていくも留まるもあなた次第です』という一文。やけにイメージが浮かびやすかった。なるほど、陰から出ることもできるんだ。そのための考え方も書かれている。未来をイメージした具体的な絵を頭に描く。オレは、その作業に没頭した。まずはメキシコシティよりも稼げるメキシコ北部を主戦場としたい。北へ、北へ。すると本当に北部で試合が組まれ始めたのだ。さらに、所属していた団体の対抗勢力団体から引き抜きの声がかかった。それを団体に話すと「大会場で毎週試合を組むから絶対にいくな！」と、引き留め工作で優遇され始めたのである。勢いは止まらず。そのうちメキシコ北部よりもさらに北のアメリカ本土から声がかかった。北へ、北へ。心に強く焼き付けたイメージは、本人の想像以上のサイズで実現することがあるのだ。こうしてオレはアメリカへ渡った。「メキシコで出世する」。大学時代から焼き付けてきたそのイメージが、本人の想像以上の大きさで現実化し始めたのである。

アメリカの豊かさ

当時アメリカで3番目に大きかったECWという団体から、入団査定試合を提示された。オレともう1人メキシコ人選手が試合をおこない、良かった方と契約するというのである。場所はアメリカ東部のフィラデルフィア。1998年12月上旬のこと。「寒いから上着を持ってくるように」。先方からはそう言われていたが、年中暑いメキシコで上着が必要な局面はなく持っていない。結局、薄着のままメキシコを発った。数時間後。フィラデルフィア空港に降り立つと、豪雪直後で雪が積もっていた。息を吸い込むと肺が痛くなるほど空気が冷たい。迎えに来てくれていたECWスタッフのドグという青年にジャケットを借りた。まさに着の身着のままでのアメリカ上陸。その日の夜はドグの家に泊まった。

初めて入るアメリカ人の家。広々とした部屋。豪奢な家具。香水の匂いが漂い。大きな犬が3匹も飼われていた。メキシコはもちろん、日本とも比較にならない豊かさをひしひしと感じる。すすめられシャワーを浴びると、洗面台の上に無造作に50ドル札が放置されていた。オレのメキシコでの何試合分のギャラだろう。これは……いままで生きてきた世界とはワケが違う。人生が変わり始めている予感がした。

入団査定試合は、テレビ収録もするビッグマッチの第2試合でおこなわれた。オレは試合に勝ち、内容も評価され、晴れて合格を言い渡された。一旦メキシコへ戻り、身の回りを整理したら24日から本式にアメリカへ来い、とのこと。皆に「ポーリー」と呼ばれているボスからギャラをもらった。８００ドル。当時のメキシコで同じ額を稼ごうとしたら、いったい何カ月かかることか。契約後のギャラも提示された。とんでもない金額……とはいっても、当時の日本の同世代ならばこれくらいは稼ぐであろうという額より少し多い程度である。しかし、メキシコでは考えられないような大金。しかもその額からスタートし、半年ごとに25パーセントずつアップしていくという。申し分なかった。アメリカは豊かだ！それでもこの時点でオレはまだ、メキシコで成功するという思いを捨ててはいなかった。アメリカである程度稼いだらメキシコへ戻る、そんなつもりでいたのだ。翌日。オレはメキシコ空港に降り立つと、いつも５００円のざるそばを啜っていた日本食屋へ直行し、好きなものを好きなだけ食い漁った。そして、アメリカへ。その日が12月24日でプレゼントをもらえるクリスマスだったことは、きっと単なる偶然である。

車はご主人様から離れたくなかった…その1

ＥＣＷ時代の初期。オレの少し後にやはり査定試合に合格しアメリカへやって来たスペル・クレイジーというメキシコ人と2人、アパートを借りて1年間ほど一緒に住んでいた。フィラデルフィア郊外。ラングホーンという田舎町の古いアパート。家賃700ドル。2人で払うから350ドルずつ。遠征のとき以外はほとんど外食もせず、2人で買った食材を家で調理する。そんな生活を続けているうち、だんだん小金が貯まってきた。そして、オレたちは決めた。2人で金を出し合い、アメリカで車を買うのだ。

クレイジーはメキシコで自動車整備工をしていた過去があり、車のメカニックに詳しかった。中古車屋をいくつか見て回ったが「あまりいいのはない」とクレイジーが言う。すると店員の太ったオッサンが、テレビで見てオレたちを知っていたそうで声をかけてきた。「もしよかったら私の車を買わないかい？」と。「え、見せてもらってもいいですか？」「あ……ああ、いいとも！」。その曖昧な返事を聞いた瞬間、オレたちは直感した。おそらくオッサンは極度の調子乗りで、本当は車を売る気などさらさらなかったのだ。しかし、調子こいてついそう口にしてしまった。そんな気がした。

「この車はいい、買おう！」試し乗りしたクレイジーが太鼓判を押した。オッサンは明らかに困った顔をしている。「オッサン可哀想じゃないか？」「自分で言い出したんだからしょうがないだろ！」。こういうとき、クレイジーは実に残忍に嬉しそうな顔をする。結局、買った。しかもかなり値切って。オッサンは店のオーナーから「お前の車を売っても店の利益にならんだろ！」と怒鳴られ、これから仕事の後にレストランへいこうと約束していたらしい奥さんには「車がないでどうやって食事にいくのよ？　明日、新車買ってもらうからね！」と電話でメッタメタに怒鳴られていたが、オレたちには「新しいのに買い替えようと思ってたからちょうどよかったんだ！」と、もはや人間の開き直りの境地を演じきってくれたのであった。

こうしてアメリカで初の車を手に入れたオレたち。オレにとっては人生初のマイカー。オッサンが気の毒だったとはいえ……「このままフィリーのダウンタウンまでブッ飛ばそうぜ！」とやけにテンションの高いクレイジーに従い、オレはアクセルを踏みしめた。その数日後から、とんでもない出来事が群発することも知らずに。

車はご主人様から離れたくなかった…その2

数日経ち。当初は調子のよかった車の運転席のパネルに、謎の赤いランプが灯るようになった。エンジンからはヒュルルル……と不安な音も聞こえだす。車に詳しいクレイジーをもってしても、何が起きているのかわからないと言う。そのうち、今度は車内にやたらと静電気が発生するようになった。ハンドル、ドア、ギア。あらゆる箇所にバチッ！とくるので、おっかないったらありゃしない。そんなある日、ニューヨークで試合の日。それまではスタッフの車に相乗りさせてもらっていたが、初めて愛車でマンハッタンへ繰り出そうということになった。

フィラデルフィアからは2時間ほどの距離。行きは、順調だった。試合を終え、帰り道。またもや赤いランプが灯ったと思ったら、ヒュルルル……ゴー！ゴー！と、狼が吠えるような音が響き始めたのだ。車を止めてボンネットを開こうとすると、目玉焼きが作れそうなほどに熱くなっていた。時間をおき、クレイジーの見立てで、どこかの箇所へ水を注いだはず。その後は問題なく無事に帰り着けたのだが。

翌日、中古車屋へいってみた。元の持ち主のオッサンに起きたことを話すと「そんなことは1度もなかった」とのこと。実は「こわいから返そうか」とクレイジーと話していたのだが、オッサンはすでに新しい中古車を購入したあとだった。その後も状況は変わらず。いきなり灯る赤いランプ。それはもしかすると、無理矢理ご主人様から引き離したオレたちに対する恨みの赤い眼なのでは？　なのでオレたちは車に乗るさい「車くん、かっこいい！　本当に素敵！」などと、日本語とスペイン語と英語のミックスで、本気で車におべっかを使い、ほめまくった。しかし仕舞いには最悪の事態を迎えてしまう。

購入から数カ月後のこと。オレ1人で乗っていたさい。パネルのすべてのランプが一斉に点灯したのだ。そしてなぜか、ブレーキが踏み込めなくなっていた。固くてビクともしないのだ。路肩の草むらに乗り上げ辛うじて止まったものの、すぐさま恐る恐る、だましだましなんとか引き返し。それ以降、オレたちがその車に乗ることは2度となかった。

しばらくして、オレたちは中古車を買い直した。安物買いの銭失い。いや、そんなことよりもいま思い返してみても……その後アパートの駐車場に放置され、最後はレッカー車で運ばれていった、それまではご主人様と楽しく過ごしていたのであろう、あの車の運命が不憫でならない。いまでも仲良しなオレとクレイジーは、再会するつどこの話を欠かさずしている。

世界最大のプロレス団体

どんなものにも、いつかは必ず終わりがくる。アメリカで3番目に大きな団体として人気を博したECWだったが、所属してから2年後にあっけなく崩壊してしまう。団体の方向性をめぐり、ボスのポーリーがテレビ局と大喧嘩してしまったのだ。テレビ局が撤退すると、資金難に陥るのはあっという間だった。最後はノーギャラの日々が4カ月も続き、それはいまだに未払いのまま終わっている。芸の道で平穏無事にメシを食い続けていくことはイバラの道。それでもオレには、アメリカどころか世界最大のプロレス団体であるWWEからスカウトの声がかかり、貯蓄が底を尽き生活苦に陥る寸でのところで新たなステージへジャンプすることができたのであった。

WWEと契約し、それまで以上の忙しさで全米を駆けめぐる日々が始まった。なにしろ毎週最低でも4試合。今週が東海岸で来週は西海岸、再来週はカナダなんていうサーキットを日常的におこなうのだ。しかも2カ月に1度は2週間連続のヨーロッパやオーストラリア、アジアツアーなんかも入ってくる。

なにしろＷＷＥの放映圏は全世界。そのビジネス規模は日本のプロレスとは比較にならない。なので、稼げる額もケタ違いだ。まだ契約したばかりのころ。地方のショーで初めてメインイベントに登場したさい、たった１試合で80万円ほども稼いでいた。ＥＣＷ時代の月給を上回る額。さらにＷＷＥのビデオゲームやフィギュア、Ｔシャツなども全世界で販売されている。そのロイヤリティが凄まじい。特にビデオゲームに起用されると、新車が何台か買えるほどの不労所得がいきなりドカーン！と入ってきてしまうのだ。

世界が変わった。そう実感した。しかしその代償として、家に帰れるのは週に２日だけ。それでも大きく稼げる時期は人生で限られている。そう思ってバリバリ働いた。そして、プロレスラーにとって試合自体はさほど大変なことではない。むしろ悦び。ＷＷＥで働くうえで、大変なのは移動である。毎週何時間も飛行機に乗り、着いたらレンタカーを借りて最低２００キロはドライブする日々が週4日も続くのだ。孤独と忍耐。そうすると、アメリカでは手に入りやすいドラッグに手を出す者があらわれてくる。じっさいオレが所属していた5年間の間にも、ドラッグが原因で何人もの同僚選手たちが亡くなっている。世界最大のプロレス団体ＷＷＥ。それは、世界最大のアメリカという国のすべての現実が凝縮されたような組織である。

9・11

WWEと契約した年の9月11日の朝。アルカイダによるアメリカ同時多発テロ事件が発生した。その日は4日間のツアー最終日で、オレはテキサスのヒューストンにいた。夜にテレビ収録のショーを終えたら、翌日には自宅のあるフィラデルフィアへ戻れるはずだったのだが。

朝。ホテルで目を覚ますと、携帯に知人レスラーからの着信が何件も入っている。かけ直すと「ニュース見たか?」「なんで?」「いいから見てみろ」。テレビをつけると、世の中がドえらいことになっているとすぐにわかった。その日のショーは延期となり、とりあえず全選手関係者はホテルで待機するよう会社から指示が出た。どちらにしろ、全米の空港が閉鎖されていたので帰ることはできなかった。それでも事件の起きたニューヨークから遠く離れたテキサスでは、特にいつもと変わった様子は何一つなく。オレは朝からジムへいき、昼は持ってきていた本をホテルで読み、夜は日本食屋で酒を飲みながら寿司をつまむという3日間を過ごした。

緊張を余儀なくされたのは、延期されていたショーが4日後に開催されると決まってからだった。大勢の人が集まる場所で再びテロが起きる。そんな噂がアメリカ全土で囁かれていた。WWEのTV収録ショーは、最低でも1万人を収容できる大会場でおこなわれる。選手関係者、テレビスタッフだけでも数百人。しかもヒューストンは宇宙開発や自動車関連企業も多く集まっているので、次に狙われる可能性のある大都市としてニュースでも常に警戒を呼び掛けていた。

当時も今も、全世界に放送されているWWE。その日は特別バージョンとして、まずはオープニングで80名ほどの全選手がステージに登場するシーンから始まった。もちろん、そこにはオレもいた。そして会場が暗転すると、巨大スクリーンに、戦場で戦うアメリカ兵たちの映像が流れ始めたのだ。勇ましい顔、悲し気な表情。祖国を守るために命を危険にさらす兵士たち。BGMも、聴く者の精神を愛国心や忠誠心へと誘導するよう計算されつくしたものだったのか。映像が終わるころには会場全体が観衆による大USAコールで爆発寸前となり、オレ自身も「日本人だろうとなんだろうと、アメリカのためなら死んだっていい！」という気持になってしまっていたのだ。全選手と会場中と、その放送を見ていた人たち、誰もが一体となっていたはず。いまにして思うと、戦争とは、こうした誰かによるマインドコントロールにより引き起こされていくものなのだろう、きっと。

海外の日本食　アメリカ・フィラデルフィア

メキシコで貧乏していたところをアメリカのECWという団体にスカウトされ、フィラデルフィアに住み始めたのが28歳のとき。

稼げるようになったので、メキシコでは多くても月に1度だった日本食を、週に1度は余裕で食いにいくこともできるようになった。しかし近所にあったのは中国人経営のインチキ日本食屋ばかり。どのようにインチキだったかというと、たいてい看板にHIBACHIと大きく書かれているのである。ヒバチ？どうやら火鉢。そして火鉢とは、アメリカ人にとって鉄板焼きのことなのである。日本でもそれほどポピュラーではない鉄板焼きを、さも日本代表料理のように看板メニューとして扱っているのだ。そういう店にお決まりなのが、他にはテリヤキとテンプラ、さらにはカリフォルニアロール。それらを四天王として日本食を名乗っている。インチキにもほどがあるのだ。

そんなある日。本物の日本人が経営する日本食屋を見つけた。店名はOOTA。看板を見た瞬間「何かの暗号か？」と身構えてしまったが、入ってみると流暢《りゅうちょう》な日本語で「いら

TENPURA
SUSHI

っしゃいませ！」と声をかけてくるではないか。そうか、太田か。納得した。太田さんの店にも四天王があるにはあったが、それ以外のラインナップが素晴らしかった。中でも感激したのが枝豆とざるそば。どちらもアメリカの日本食屋では珍しくはないが、太田さんのそれは日本の物と比べても遜色ない調理だったのだ。枝豆なんてグチャグチャになるまで「煮詰めて」ある店もけっこうあったが、太田さんの枝豆はプチプチしていた。ざるそばは最高のゆで加減でコシがあり、そばつゆもしっかりとダシが効いている。オレがそれまでアメリカで食った最悪のざるそばは、箸でつまむとすべてが一体となり、塊になって持ち上がったというとんでもないシロモノである。そのときは瞬時に、誰かのカツラを箸でつまみ上げてしまった錯覚を覚えたものだった。

そのうち、近くに隠れた韓国マーケットを発見した。フードコートにはテールスープにスンドゥブなど日本人の舌に合うものも多かったので重宝した。しかもアメリカのスーパーにはなかなかない活きのいい魚介類も売られており、オレの海外日本食生活は一気に華やかなものへと変貌を遂げたのである。それが頂点を迎えるのは、その3年後にロサンゼルスへ引っ越してからのことであった。

海外の日本食　アメリカ・ロサンゼルス

フィラデルフィアからロサンゼルスへ引っ越したのは、世界最大のプロレス団体WWEと契約して2年後。31歳のときだった。引っ越した理由は、かの9・11同時多発テロによりアメリカ東海岸がやりきれないほど陰鬱《いんうつ》な空気に覆われてしまったからである。人々の表情は暗く、街には緊張感が漂い。毎週利用する空港は常に厳戒態勢で、荷物検査やらボディチェックに軽く3時間を要していた。実際当時のフィラデルフィア空港は、警備の厳重さで全米一を誇っていたのだ。

WWEは毎週全米各地をサーキットするため、きちんと会場へやって来さえすれば住むのはアメリカのどこでもお構いなしの団体。新たに住み始めた西海岸は風光明媚《めいび》な土地柄で、日本人が多く住んでいることから日本食にも事欠かない。まさに新天地。海の近くに人生初の家を購入したのもこの時期である。近くにはトーランスという日本人だらけの街があり、うちから車で20分以内の場所に日本マーケットが四つもあった。少々高いが、日本のものならなんでもそろっている。魚も、薄切りの肉も、焼酎も、菓子パンだって。もちろん日本食レストランもなんでもござれだ。さらには床屋、マッサージ屋、会計事務所、レンタルビデオ屋もあったし、ブックオフもあった。リトル東京にはファミリーマートも。しかしこれは同姓同名のバッタものであることをのちに知るのだが。

そんな天国のようなロサンゼルスに、立ち食いそば屋もあるという噂《うわさ》を耳にした。そば屋は珍しくはなかったが、重要なのは「立ち食い」であること。チープなうまさ、それが立ち食いそばのいいところ。矢も楯もたまらなくなったオレは探索に出た。シュラスコ屋が何軒かあるブラジル通りと呼ばれる一角に、その店はあった。狭い店内にカウンターのみ。しかしイスが備え付けられている。これでは立ち食いではないのでは……そこは他のそば屋よりも少々値段の安い「立ち食い風」のそば屋なのであった。それでも店主に「立って食ってもいいですか？」と尋ねると笑顔でＯＫしてくれたので、ココロは立派な立ち食いそば屋だったのである。

ロスを離れ、本格帰国したのがその3年後。8年ぶりの日本だった。しばらくの間は、駅で立ち食いそば屋を見かけると食わずにはいられない気分に陥り欠かさず入った。そんな精神的日本食欠乏症状態は、帰国から2年間も続くこととなる。生まれ育った国の、なじんだ味はどこまでも。

ワッフルハウス

2022年、試合でアメリカへいったさい。機内情報誌の最後のページに掲載されている、北米全土の地図を眺めていた。各州の空港の位置も記載されている。そこでWWE在籍時代、乗り降りしたことのある空港をチェックしてみた。するとプエルトリコやアラスカはおろかカナダに至るまで、すべて訪れていたという衝撃の事実が判明したのだ。

全米はおろか、世界各地をも飛び回るWWE。オレは、そんな団体に5年間も在籍していた。では、そんなにあちこち飛び回って、いったい何を食っていたのか？まず、アメリカ。

そもそもWWEのツアーというもの。全米各地に住んでいるレスラーたちが、会社からもらったチケットでその週のサーキットエリアへ集結してくることから始まる。例えばフロリダ州のツアーであれば、まずはマイアミに全員飛んできて、仲良しのレスラーと一緒に、あるいは1人でレンタカーを借り、その界隈を4日間サーキットするのだ。

移動距離が長いので、走るのはほとんど高速。そうすると、メシを食うのも高速沿いとなる。そしてアメリカという国、高速沿いはどこの州もほとんど同じチェーン店しかないのだ。日本でも有名なFRIDAY'sやデニーズ。Apple Bee's、IHOPなど。その中でも、特に重宝したのがワッフルハウスという、日本ではなじみのないお店である。

とにかく安い。そして、メニューが多い。日本で例えればメニューとバリエーションの多さがやよい軒で、値段の安さが松屋と考えてほぼ間違いない。感動的なのがTボーンステーキの6ドル（当時）。看板メニューのワッフルに至っては3ドル。目玉焼きとソーセージとパンとワッフルのセットでも6ドル。1・5ドルのコーヒーは何杯飲んでも同じ値段だ。ちなみに酒は置いていないが、どうせ車を運転するので飲むことはできない。オレは5年間飽きもせず、このワッフルハウスで一日二食すませることだってあった。もちろんWWEのレスラーは、誰もがワッフルハウス大あ～い好き！　週に何度もゴールデンタイム全米放送で試合が流れるWWEだったから、どこへ行ってもたいていの人が我々を知っている。それでも、どの選手もがしょっちゅう利用していたワッフルハウス。愛される理由は、安さよりもむしろ気楽さ。サッと入ってサッと食える。まさに松屋のあの気楽さなのだ。しかし近年、アメリカの物価上昇はハンパない。かつて6ドルで食えたセットメニューが、昨年訪れたさいは13ドルに跳ね上がっていたのは悲しき時の流れである。

4

プロレス深夜特急2023

海外渡航

オレは日本のプロレスラーとしては、海外で試合をする機会がかなり多い。なぜかというと、かつてWWEに5年間所属していたため、日本よりも海外での知名度の方がいまでも断然高いからだ。これは自慢ではなく実際そうなのである。

よって、諸外国から頻繁に声がかかる。「○月○日にきてほしい、ギャラはこれくらいで」。そういう連絡がSNSやメールで月に何度も送られてくる。アメリカ、欧州、アジア、オセアニア…たまにはアフリカや中近東からも。所属していた当時からいまに至るまで、WWEは全世界で放送されているのでそういうことが起こり得るのだ。

そして連絡を受けたら、まずは現在所属している九州プロレスの筑前理事長に相談する。九州の日程との折り合いや、ギャラなどの条件も含め総合的に判断してもらう。OKが出たら返事をする。先方が負担するのは往復飛行機代と現地でのホテル代、それとギャラ。ちなみにギャラは、どこの国でもUSドルで提示してくるのが一般的だ。話がまとまったら、先方がビザを作成したり航空券を手配するためのパスポートのコピーや個人情報をいろいろと送る。これでいったん終了。渡航の日にちが近づいてくると、ビザや航空券が送られてくる。

　それを持っていよいよ出発。お付きが同行したケースは一度もない。ひとりでいくのだ。そもそもプロレスという商売に、マネージャーというものは基本的に存在しない。現地に着いたら、連絡を取り合った人がたいてい迎えに来てくれている。

　しかし初めての国の初めての団体に呼ばれた場合、向こうはオレを知っていてもオレは向こうをまず知らない。なので「ハーイＴＡＪＩＲＩ！」と笑顔で近づいてこられても実は人さらいの可能性だってある。それでもこんなオッサンを誘拐しても何の得にもならないのか、これまでそういうことは一度もなく、いまもオレは頻繁に海外でプロレスをしていられるのである。

旅のはじまり　イタリア篇

2023年11月2日。福岡空港から22時間かけ、イタリアのボローニャに到着した。この日から約1カ月間、欧米6カ国を駆けめぐるプロレス旅が始まるのだ。各国で試合をすることはもちろん、未知のレスラー発掘や海外コネクション構築も九州プロレスにおけるオレの重要な役割なのである。

空港には、欧州での旅程をすべてプランニングしてくれたイタリアの友人、ファビオが迎えに来てくれていた。レッド・スコーピオンという覆面レスラーでもある彼の素顔は、里芋の煮っころがしを10年間作り続けた鍋の底にニヤニヤ笑う目鼻口を描いてみました的ハンサムである。2年前にボローニャを訪れたさいも色々と世話になった。そのときと同じホテルを用意してくれているという。彼の車でホテルへ向かった。

街はずれに建つ、赤レンガ造りの古いホテル。フロントのおばあさんも、アンティークな調度品たちも、2年前と何ひとつ変わっていない。年季のはいった壁かけ時計が、変わらぬ時をカチカチカチ…と刻んでいる。ホテルのレストランで前回もそうしたようにメニュー1ページ目のいちばん上のものを頼んだら、チーズだけのシンプルなピザが出てきて2年前と変わらぬ味がした。

その日は部屋から一歩も出ることなく、徹底的に体を休めることにした。ここ最近、日本から数時間の移動でもかなりきつい。しかも翌日には朝6時の飛行機に乗り、デンマークで試合である。ベッドに横になると、疲労が一気に滲《にじ》み出てくる。あ、カーテン閉めないと…なんて考えているうち、すぐさま眠りに落ちていた。時々ぼんやり目を覚ますと、窓の向こうの世界がだんだんと色彩を失っている。最後にはっきり目を覚ますと、暗闇の中にひとりきりで放置されていた。夜中の3時。10時間寝ていた。それでも体はまだきつい。まもなくファビオが迎えに来る。荷物をまとめて下へ降りねば。

誰もいないロビー。フロントのおばあさんの姿もない。べっこう飴色の薄あかりの中で、アンティークな調度品たちの琥珀《こはく》な時間が流れている。誰かが動いたような気がしたのは、入口のガラス戸に映る自分自身の姿だった。

カチカチカチ…変わらないなあ…カチカチ…何歳までこんな旅を続けるんだろう…カチ…ガラス戸の向こうが光に包まれた。車のライト。迎えが来たのだ。さあ、旅がまた始まる。

イカつい男のお迎え　デンマーク篇　その1

　コペンハーゲン午前8時。薄ら寒い灰色の空。カバンの底から上着を取り出す。風光明《めい》媚《び》なボローニャからやってきたオレにとって、そこは別世界の欧州だった。灰色の空を、カモメが悠々と泳いでいる。海が近いんだな。用意されていたホテルも海の目の前だった。夜の試合まで時間はふんだんにある。街へ繰り出してみた。

　石畳、教会、市場。女性でもオレより大きな人ばかり。総菜屋で大きなハンバーガーのようなサンドイッチを買ったら邦貨1500円以上もした。北欧諸国は世界でも特に物価が高いのだが、社会保障は万全で教育費と医療費もタダ。年金で充分に暮らしていけるので貯金をしない人がほとんどだとか。部屋に戻り、サンドイッチを二つに割ってみる。半分で750円。一つ1500円よりも高く感じた。

　迎えが来る時刻。朝と同じ運転手と、頭をツルツルに剃《そ》り上げたイカついジイさんがロビーに来ていた。銭湯で熱い湯に浸かる昭和の頑固ジイさん風味。キムと自己紹介してきた。韓国人？いや、普通の白人だ。きっと、そういう名前がデンマークにもあるのだろう。

握手をすると目を細めながら、もう片方の手でオレの肩を2回叩《たた》いた。左右の手のひらから骨太な圧が伝わってくる。それは、生まれつき地《じ》の力が強い人特有の圧であった。

自らハンドルを握ったキムは、気難しそうな外見とは裏腹に多弁だった。朝の運転手は横で話を聞いて、おとなしく頷《うなず》いてばかりいる。会場に到着すると、誰もがキムに駆け寄り、うやうやしく挨拶した。この団体のオーナーだろうか。

控室の壁に対戦カードが貼られており、オレはメインイベントでＣＨＡＯＳという聞いたことのない選手と闘うことを知った。ドン！と、肩に圧。キムが立っていた。細めた目。オレは尋ねた「相手はどんな人ですか？」。するとキムはさらに目を細め「俺だよ！」と高笑い。聞けば団体のオーナーでありトップ選手でもあり、ジイさんのように見えて歳はオレより三つも若いとのことだった。

メインイベント。直前まで裏方業務をこなしていたのであろうキムは、オレの横を慌ただしくすり抜けリングへと向かっていった。きっと彼は地元の英雄だ。なのでオレは悪役に徹するつもりでいた。しかし…その目論見《もくろみ》ははずれた。入場するキムに、観客はこれ以上ないほどの大ブーイングを浴びせていたのだ。

ここでも毒霧　デンマーク篇　その2

　大ブーイングを送る観客たち。中指を突き立てツバを吐き返すキム。それはオレにとって、やけに腑《ふ》に落ちる光景だった。そうか、そういうことだったのか。キムは地元の英雄などではなかった。彼は、悪役だったのだ。プロレスはスポーツや格闘技という側面よりも、善玉と悪役が闘うことで成立しうる「表現の世界」という側面が大きい。そして人柄のいいヤツほど、嫌われ者の悪役を自ら買って出る傾向がある。キムは、いいヤツなのだ。それはこの日に接したわずかな時間からでも充分に予感できていたことではないか。ならばオレは善玉として、悪役の彼に応えなくてはならない。なので、そういうモードで入場した。すると観客は、大歓声でオレを迎え入れる。プロレスはこうして、選手の思考でその場その場に即興の世界を作り上げていく、世にも特異なジャンルなのだ。

　ゴングが鳴る。キムの力は非常識に強かった。組み合って持ち上げられたさい、まるで重機にブッこ抜かれるような抗いきれないパワーを感じた。それでもプロレスは、肉体の強弱だけが結果に反映するほど単純な世界ではない。そこへ「表現」を落とし込みつつ、最終的に様々な要素で相手を上回り結末へと辿《たど》りつく世界。オレは、相手の顔面へ口から噴射する緑色の毒霧を浴びせてからの顔面蹴りという得意のパターンで、かろうじて勝利した。

勝者であるオレの手を、レフェリーが高々と掲げる。キムはリングのど真ん中に倒れたまま、起き上がることができなかった。観客たちは「ざまあみろ！」とブーイングをまだ送り続ける。それがキムの耳に届いていないはずはない。緑に染まった顔。そのとき一瞬、キムが笑ったような気がした。観客の誰一人として、そんなことには気が付いていない。しかしオレには一瞬だけ、キムが笑ったような気が、した。

翌日。デンマーク2戦目の会場まで4時間の移動。迎えが来るのは朝6時。車から降りてきたキムの顔は、緑に染まったままだった。「きょうの準備に追われて風呂に入ってないし寝てもいないんだ！」高笑い。灰色の空を、カモメが悠々と泳いでいる。カモメを見上げる人たちに、その気持ちはわからない。だがカモメは、悠々と泳いでいる。

チャオ　イタリア篇　その1

デンマークでの2日間を終え、イタリアのボローニャに帰ってきた。人間という生き物はどこへいってもすぐに帰巣本能が芽生えてしまうものなのか、到着した初日にたった1日いただけのボローニャへ「帰ってきた」感覚を抱いてしまったのはいったいどうしたことだろう。赤レンガのホテルで一息つく間もなく、夕方から始まる試合の会場へすぐさま向かわねばならなかった。

翌朝。今回の旅で初めて予定がない一日。カーテンを開けると、きっとここでは雨が降らないんだなと思えてくるほどよく晴れている。どこかへいこう、街へいこう。ロビーに降り、フロントのおばあちゃんに街へのいき方を尋ねてみると「左へいって、また左」。時間をかけ説明してくれたことを要約するとそういうことであった。微笑《ほほ》む置物のようなおばあちゃんの言うとおり、ホテルを出て左へ向かった。

犬の散歩をしている人と時々すれちがう緑の一本道をまっすぐすすむと、左右に分かれる分岐点にいきあたった。これのことだな。左へ。すれちがう人がだんだん増えてくる。いつの間にか。街はずれとおぼしきあたりまで来ていた。なるほど、これなら確かに「左へいって、また左」である。石畳の細い道を適当に歩いていくと、いきなり視界が開け、色彩の渦が押し寄せてきた。たくさんの人だかり。溢《あふ》れ返る物、物、物。そこは、教会広場の露店市だった。

衣服、日用品、野菜。広場から伸びる道には肉や魚や総菜を売る店が軒をつらねており、生活に必要なものは教会周辺でなんでも手に入るようである。カフェもあった。そうだ、イタリアへ来たのにまだ一度も、通りでオシャレにカプチーノなんかを飲んでいないではないか。

「チャオ!」

ハローとグッバイ、どちらにも使える便利な言葉。それだけは知っているイタリア語で、カフェのお姉ちゃんに話しかけてみる。あまりに自然な口調で発音もよかったのか。お姉ちゃんはオレがイタリア語を話す人と勘違いしたようで、「何にしますか?うちは何々がおいしいですよ!」みたいなことを早口で言い返してくる。

「え?あの…えと…その…」

一瞬でしどろもどろ。イタリア人のようにオシャレにキメるには、あまりにけわしい道のりであった。

ほしくない　イタリア篇　その2

欧州に来て8日が経過。まだイタリアにいる。昨夜は現地の若手レスラーたちに「セミナー」を施してきた。それはいったいどういうものかというと、簡単にいえば私めによるプロレス教室である。オレは世界各国から試合に招聘《しょうへい》されると「セミナーもやってくださ い」と同時にお願いされることが多いのだ。そんなレスラーは結構珍しいのだが、オレはこれまで何人ものメジャークラスのチャンピオンを育ててきた実績があるので、そういうオファーが後を絶たないのである…って、自慢話はさておき。

この8日間、現地のものだけを食い続けている。米は一度も口にしていないし、念のため持参した醤油《しょうゆ》味とミソ味のカップ麺とカップ焼きそばにも手をつけていない。近年なぜか海外に来ても、それほど日本食が恋しくならないのだ。若いころはそうではなかった。いつも醤油を持ち歩き、ビフテキばかりかスパゲティにまでかけていたし、日本食屋を見かけたら必ず入った。

そんなオレに変化が起きたのはなぜなのか。思うに理由は二つあるような気がしている。

一つは「歳をとったら自然とそうなった」というもの。若いころは何に対しても身構えていたし、こだわりだって多かった。それが歳をとり50代に突入すると、何に対してもあるがままの無為自然に変化したのではなかろうかと。なので、こだわりもなくなり。日本食がないならないで別にいいでス、ときたもんだ。

理由の二つ目。ネットが普及したことにより、何に対しても「枯渇感」が薄れたのではないかと。いまやスマホさえ所持していれば、気持ちを満たすことは世界のどこででも割と容易である。例えば、まだそんなものがなかった時代。懐かしい日本の景色を海外から眺めるためには写真集や録画したビデオを見る以外に方法はなかった。しかしいまなら世界のどこでも手のひらの中に再生することができる。そんなココロの承認作業の連動メカニズムで、日本食を欲する気持ちも起こりにくくなったのではなかろうかと。

ま、こんなエラそうなことをヌカしていても、いざ日本に帰ったら中洲の飲み屋に直行し「やっぱ日本のモンはうめえなあ！」と飲んだくれるのが目に見えているんですけれどもね。明日からはフランスへ。

車でゴザル　イタリアからフランス篇

イタリアのボローニャからフランスのマルセイユへ移動する前日。オレは飛行機でいくものだとばかり思っていた。しかし今回の旅をプランニングしてくれた、里芋の煮っころがしを10年間作り続けた鍋の底にニヤニヤ笑う目鼻口を描いてみました的ハンサムなファビオの様子が少々おかしい。フランスへ同行する彼。小さな声で何か伝えようとしている。「なに？」「実は飛行機には乗らないのでゴザルのボンゴーレ…」。

イタリア人なのに英語堪能なファビオとオレの会話は、いつも英語である。「ゴザル」や「ボンゴーレ」などと決して口にしてはいないのだが、なぜかそんなカンジに聞こえてきてしまうのが彼のキャラクター。それにしても飛行機に乗らないとはどういうことでゴザろうか？「車でいくのでゴザル……」隣国だから近いのかもしれない。「何時間？」「…時間」「はっ⁉」「7時間…」「な…7時間⁉」。

今回の旅の計画を確認し合っていた段階で、オレはファビオに「3時間以上の車移動がある試合は組まないでくれ」とお願いしていた。もう若くはないので腰が痛くなってしまうからだ。ファビオも「がってんでゴザル！」と了承していたはず。「どういうことだ！」「色々と深いワケがあるのでゴザルよ！」。ああだこうだと言いわけのオンパレード。「オレは飛行機でいく！チケット買ったらいくらするんだ⁉」「ボローニャからマルセイユ行きは週に2便のヘンピな時間にしかないのでゴザル！」。俺、物知りだろ？みたいな言い方。あったまにきた。「大きい車でいくので楽でゴザルよ！大めに見積もって7時間、実際は5時間ほどで着くでゴザルのボンゴーレ！」。最後は言いくるめられてしまった。

翌日。ファビオの到着をホテルの前で待っていると、てんとう虫のように小さな赤い車が向こうからやってくるではないか。助手席で鍋の底がニヤついている。「まさかこれでいくんじゃないだろうなあ？」「え？これでいくのでゴザルよ。このあともう一人拾っていくでゴザルのボンゴーレ！」。泣いても笑っても、もうその車でいくしかない状況なので強気になっているのか、昨日のようにこちらの様子を伺っている気配は微塵《みじん》もない。結局、小さな車に4人で乗り合いマルセイユに到着したのは、出発から9時間後のことであった。

美食の国へ　フランス篇　その1

ファッション、音楽、食。どれもがハイセンスなフランス。今回の旅で最も期待値の高かった国。これまで口にしたことのない高級フランス料理を今回こそは、と。試合とセミナーが目的ではあるのだが、オレの関心は完全にそっちへと向かっていた。プロモーターのウイリアムが用意してくれたホテルへ深夜0時に到着し、その日は何も食わず9時間の車移動でクタクタとなった体を早々に休ませた。翌日。まずは朝10時から試合会場でセミナー。30人のフランスの若手たちを徹底的に鍛えぬき。終了後、試合は夜なのでいったんホテルへ戻ることになった。おなかがすいたでしょう、とウイリアム。早速フランス料理にありつけるのだろうか。

つれていかれたのは、バーガーキングのドライブスルーだった。「フランス料理ってどんな味なんでしょうね、ハハハ！」それとなく催促してみる。「あ、フランス料理がよかったですか？いまはショーの準備でバタバタなので、終わったらあらためてゆっくりということにしませんか？」。いいと思い、ホテルの部屋でひとりハンバーガーに齧りついた。

夜。11時にショーが終わった。しかし「後片付けなどいろいろあります、明日の夜にあらためてゆっくりいきましょう」。仕方がなかった。そして、会場周辺の店はすでにどこも閉まっているという。「ならば晩メシはどうしたらいいですかね?」「なんとかします」。しばらくして、関係者の女性が何かをのせた紙の皿を手に近づいてくる「ウイリアムから、こんなのしかなく申しわけございませんがと」。皿の上にのっていたのは、会場で売られているピザがふた切れ。とっくに冷えてカチンコチン。「…うーん」腕組みして唸《うな》ってみせる。何もないよりはマシなのだが、それにしてもこれはどうなんだろう?という無言の抵抗。

翌日も朝からセミナー。終了後、ついに「今夜フランス料理へいきましょう!」とウイリアム。やった!そして、迎えに来た。少々遠い店なのですが、と。車はどんどん森の中へ入っていく。対向車もなく、途中で墓地の横を通り過ぎたり。ふと、ある疑念が頭をよぎった。もしかして、フランス料理フランス料理とあまりにうるさいオレに折檻《せっかん》を加えるつもりでは?そのまま森に放置され…身構えたそのとき、明かりが灯《とも》る建物が視界に入った。「森の結婚式場です、ここのフランス料理は最高ですよ!」。旅はまだまだ続く。

ワインは水より安い？　フランス篇　その2

福岡で過ごした大学時代。西鉄二日市駅前に今もある「ひさや」という飲み屋でバイトしていた。近くの小学校の先生方が夜な夜な集まっては教育論に熱弁をふるい合う、古くからあるそんな店。で、その店で、ある先生の送別会がおこなわれた。名前は忘れてしまったが、体が大きく眼鏡をかけている男の先生だったので、ここでは仮に「デカ眼鏡先生」としておく。聞けばフランスへ赴任するという。そんなデカ眼鏡先生の送別会は、さすが遠い異国へいくとあってか1度で終わることなく何度も開催された。時は平成2年。格安航空券の存在なんて知らない人の方がはるかに多い、まだそんな時代だった。そしてデカ眼鏡先生はとうとうフランスへいってしまったようで、ある日を境にオレの前から忽然《こつぜん》と姿を消してしまった。

それから2週間ほど経《た》ち。夕方5時の開店と同時に、先生がいきなり店にあらわれたのだ。「よお、元気だった⁉いやあ、この店も懐かしいなあ！」まるで生霊があらわれたかのようだった。カウンターでコップを傾けるなり「プハアー！やっぱ日本のビールがいちばんうまい！」なんて叫んでいる。オレは、大学のドイツ語学科を卒業し当時としては海外に対し先取的な感覚を有していた、ひさやの店主にこっそり尋ねた。「先生、もう本式に帰ってきたんですかね？」すると「最初から2週間だけの交換研修らしいよ」と、やけに覚めた口調で教えてくれた。他の先生が店に入ってくるつどデカ眼鏡先生は「いやあ、久々の日本の食い物がうまくてうまくて！」とおフランス帰りを強調しまくる。たった2週間でそれはないでしょ！まだ19歳で海外へいったことがなかったオレでさえ、こっ恥ずかしさに鳥肌が立ってしまう。そして、先生の口からこんな言葉が飛び出したのだ「フランスでは水よりもワインの方が安いから、いつもワインでうがいしてたんだよね、ワッハッハ！」。

それから33年もの間、オレはその言葉がずっと気にかかっていた。何度来ても、フランスでは水よりもやっぱりワインの方が高いからである。だけど、そうではなかった時代もあったのかもしれない。今回、その真実を現地の人に聞いてみた。すると「そんなことは絶対にない」という返事が。33年前。日本人のほとんどは、まだまだ世界の田舎者だったのだ。

気楽に生きられる島　マルタ篇　その1

フランスをあとにして、地中海に浮かぶ小さな島・マルタ共和国へやってきた。どれくらい小さいかというと、一国でありながら東京23区の半分の大きさしかない。年中暑く、日干し煉瓦《れんが》の家屋が建ち並ぶ荒野に砂塵《さじん》が舞い、不安になるほど蒼い空と海。そんな国。今回マルタでは試合やセミナーが組まれているわけではなく、完全なる息抜きのためにやってきたのだ。というのも、ギアニー・ヴァレッタという髭《ひげ》モジャで怪獣のようにデカいマルタ人のレスラーがオレと大の仲良しであり、どうせなら数日間だけ遊びに来ないかとチケットを手配してくれ、彼のファミリーが所有する地中海をのぞむ断崖絶壁の真上に建つアパート、通称「老人と海ハウス」に寄宿することと相成ったのである。

老人と海ハウス。日干し煉瓦で砂色な、平屋で古い長方形の建物。何世帯かが居住しており、ヴァレッタファミリーが所有しているのは真ん中の部屋。開けるたびギシギシと鳴る錆《さ》びた鉄のドア。ベッドとシャワーと台所があるだけの簡素極まりない「野郎の棲《す》み家」。オレはこの家が大好きで、マルタにくるたび観光などには一切いかず、可能な限りここで酒を飲み魚を食い、何も考えずただ海を眺めている。普段はヴァレッタが住んでいるが、来客があるたび彼は近くの実家に戻りハウスを客人に提供してくれるのだ。オレにとっては高級ホテルなんかより断然素敵な宿である。

ハウスを出ると、砂と石が剥《む》き出しの道。旧式だが現役であろう壊れかけた車が何台か放置されている。近隣のオッサンたちが何をするでもなく軒先でイスに腰かけ、真っ黒に日焼けした顔で声をかけてくる「やあ、ヴァレッタの友達かい?前にも来たよな!」。そんな道を歩くとすぐに断崖絶壁。蒼い海を見おろすと、陽に照らされギラギラに輝く三角形の鋭利な波がどこまでも海面を覆い尽くしている。一見おだやかだが、ボートで繰り出すと揺れは激しい。沖にはシルクハットのような形をした岩の塊の島が浮かんでいる。その近海では世界最大のサメが捕獲されたこともあるという。

蒼い空と海。上半身裸、短パン、サンダル。そんな恰好で街を歩いても文句を言われない。気楽に生きていける。それは人生で最も大切なことだなと、この島に来るたびいつも思う。

茶色の犬　マルタ篇　その2

マルタでどこかへ出かけるさいは、いつもヴァレッタが車で送り迎えしてくれる。スーパーへの買い物にも、ジムへいくにも。そして事件は、いつものように晴れた暑い日。ジムへ連れていってもらうときに起きた。

断崖の道を車で登っていた。すると前方に停《と》まった車の周りを、上半身裸で筋肉ムキムキなタトゥーだらけの男が両手を広げ、あっちへいったりこっちへいったり。ヴァレッタは言った「彼は俺の友人なんだ。言ってたとおり犬が…ちょっと車を停める」「犬?」。停車するとすぐさま降りてゆき、友人のもとへ駆け寄るヴァレッタ。オレはいったい何が起きるのかと、その光景を車の中から眺めていた。友人はどうやら何かに困っているようで、身振り手振りを交えヴァレッタに早口で何かまくしたてている。友人が指さした先に、大きな茶色い犬がいた。彼らの様子をうかがっている。どうやらあの犬が友人の車から脱走してしまい、それを連れ戻そうとしているのだがなかなか捕まらないのでどうしよう。それをヴァレッタは電話で聞いて知っていた、ということのようであった。

けっこう頻繁に車がとおるつど、不規則で予測のつかない犬の動きにクラクションが何度も鳴らされる。友人とヴァレッタは、挟み撃ち作戦をとることに決めたようだった。ちなみにそとの音は車の中までほとんど聞こえてこないので、大きな男2人が犬を警戒させないよう無音で左右から近づいていくさまは、まるでそういう無声映画を見ているようでオレ的にはかなり笑ってしまった。同時に飛びかかるも犬は華麗に身をかわし、タッタカ向こうへ逃げ去ってしまう。そんなことが何度か繰り返された。最終的にヴァレッタはお手上げポーズをとると友人を残し車の中へ戻ってきた。「待たせてすまん、いくか」車を出す。バックミラーの中で、まだ犬を追いかける友人の姿がだんだん小さくなっていった。

そのままヴァレッタとジムへいき、晩メシを食い、同じ道へ戻ってきたのは夜半だった。もう友人の車はない。「きっと捕まえたんだな」。そういえば、それを電話で特に確かめようともしないヴァレッタ。彼がいつもとおっている断崖の道を、いつものハンドルさばきで走っていく。マルタの夜空にはいつものように、無数の星がまたたいていた。

名物料理？　イギリス篇　その1

マルタから4時間の飛行。イギリスは思っていたよりも遠かった。欧州の国同士を結ぶLCCライアン航空のシートにはリクライニング機能がない。ロンドン到着時には腰がガチガチ。一刻も早くホテルのベッドで横になりたかった。

空港のゲートを出ると現地プロモーターから知らされていたとおり「サモア人のような見てくれのTJという男」が迎えに来ていた。チリチリの髪を後ろで結わえ、東京・両国界隈《かいわい》を歩いていたらサモア出身の相撲取りと勘ちがいされること間違いなしな色黒の巨漢。日本を意識してかお辞儀をしてくるなり「いまから車でホテルへ向かいます」と、言葉づかいも礼儀正しい。「どれくらいかかるんですか？」「明日の試合会場があるノルウィッチまでは早くて2時間、混んでいれば3時間ですね」。ホンマかいな…オレは車に乗り込むなり「腰が痛いのでイスを倒します」と、その瞬間に寝てしまっていた。

眼を覚ますと、郊外の道を走っている。ゆるやかな緑の丘陵、羊たち、赤い石造りの牧舎。「あとどれくらいですか？」「1時間半はかかりますね」。だいぶ寝たつもりだったが、そうではなかったのだ。窓のそとには羊たち。ラムチョップが頭に浮かんだ。途端に腹がへってきた。「何か食いませんか?」「了解です!」。しばらくして、小さな町の小さな店で車は止まった。

「ソーセージ入りの揚げパンです! フィッシュ&チップスよりも私にとってはこれこそがイギリス名物! 奢りますので3本いっちゃってください!」。TJは、自分の好きなものを人に知ってもらえることに無上の喜びを感じるタイプのようだった。そしてソーセージ入りの揚げパンは普通に美味《うま》かった。車は再び走り出す。だが1時間ほどして、腹の調子がなんだかおかしい。腹部全体に薄ぼんやりと発生した違和感が、グルグルと唸《うな》りながら下腹部で痛みとなり襲っては引き、引いては襲い。しかし「あなたのおススメのもので腹を壊してしまいました」なんて言えるはずもなく。耐えろ、オレの腹! どうやらホテルはすぐそこだ! しかし人の好《よ》いTJは老人が運転する車に先を譲ったり、道を横切る小動物のために一時停止したりの思いやり技を繰り返す。それでもなんとかホテルに到着。ロビーのトイレに滑り込みセーフ。紳士の国イギリスの旅が、こうして幕を開けた。

プロレス会場にて　イギリス篇　その2

イギリス。古く、荘厳で、格式高そうなプロレス会場。1000脚ほどのイスに囲まれた白いリングが、客入れ前の薄暗い館内でピンスポに照らされ、かげろうのように淡くその姿を浮かべている。オレは客席の片隅にひとり腰かけ、そんな光景をただ見つめていた。

するとと、リングに誰かが上がってきた。白いワイシャツ。黒長のスパッツがフィットした脚は細く長く、スタイルがいい。シュッと顎の尖《とが》った色白の顔。長いサラサラの金髪を後ろで結び。女の子だろうか。両腕を組み、リングの上をゆっくりと円を描くように歩き始めた。ときどき立ち止まり、何かを確認するように頷《うなず》くと、また歩き出す。女子プロレスラーが今夜の試合の作戦を立てている、きっとそんなところであろう。海外のプロレスは、同じショーに男女のどちらも出場するのが一般的だ。

あと10分で開場しますという主催者のアナウンスが流れた。それを合図のように女の子は組んだ腕をほどくと、リングの四方を取り囲む3本のロープへゆっくりと走り始める。ロープに背中から当たる瞬間、くるりと素早くターンしている。そうすると、走る速度が遅くとも、速く走ったように印象付けられる原理がプロレスにはある。それに気が付いているレスラーはあまり多くはないのだが、オレは生まれつき物事の理論を言語化し体系化することに興味がある人間なので、そういったことを教えて周るセミナーをここ数年は世界各国で開催している。なので女の子が繰り返していたその動きは、オレがセミナーで教える理論のまさに重要な一つを体現していた。

それを何度繰り返したのか。女の子はリングを降りると、オレの座っている方へ歩いて来た。そして、すぐ目の前まで来てわかった。女の子ではなく、男の子だったのだ。そばかす。まだ10代だろうか。かわいい顔をしている。どこかで会ったことがある気がした。

「ボクを覚えていますか？」

そう尋ねられた瞬間、ある記憶が甦《よみがえ》ってきた。2年前にイギリスでセミナーを開催したさい、彼は最も卓越した才能を感じさせる参加者だったのである。当時若干17歳だった彼は、19歳になっていた。

「どうしても日本で修行したいんです、九州プロレスに呼んでいただけないでしょうか⁉」

シャイな彼のそんな想《おも》いは、そう遠くない将来きっと実現するような気がしている。

（※この少年の名はジャック・ランダース。２０２４年7月。九州プロレスに本当にやって来たことで、彼の夢は実現した）

物価高　アメリカ篇　その1

欧州から大西洋を越え、かつて8年間住んでいたアメリカへ。今回の旅の最後の国。ロンドンから10時間の飛行でデトロイト到着。目的地のノースカロライナ行き出発までは5時間ある。腹がへっていた。空港内のChilisというチェーン店のレストランに入った。アメリカに住んでいたころはしょっちゅう利用していた店。メニューは熟知している。いつもそれを頼んでいた、鉄板で焼いた肉と野菜をトルティーヤに巻いて食すファフィータというメキシコ料理とビールを1本頼んだ。変わらぬ味。マルガリータも追加で1杯。ここまですべてメニューを見ることなく注文したので、全部でいくらになるかはまだ知らなかった。お会計。レシートを手渡された。42ドル。1ドル150円だから…6300円⁉

「なんだこりゃ！」つい叫んでいた。日本の物価感覚ではせいぜい3000円程度である。最後にアメリカに来た2年前でも、それよりちょっと高かったくらいだったではないか。鷲《わし》掴《づか》みにしたメニューを見る。間違いなかった。どれも価格が大幅に上がっている。それもとんでもない上昇率で。さらにレシートにはチップを18％か25％から選ぶように記載されていた。ちょっとメシを運んできて「Ｅｖｅｒｙｔｈｉｎｇ　ＯＫ？」とテキトーに聞いてきただけのアンちゃんになんでこんなにやらなきゃいけねえんだよ⁉結局、総額７０００円以上かかった。欧州でも物価の高さに驚かされたが、それの比ではない。これから６日間滞在するのだ。いったいいくらかかってしまうのだろう⁉

デトロイト空港に着くと、アメリカのプロレス界で悪徳マネージャーとして活躍するサニー・オノオさんという年配の日本人が迎えに来てくれていた。旧知の間柄。今回のアメリカでの仕事をすべてマネージメントしてくれている。とんでもなく物価が上がっているんですね？と尋ねてみた。「そうだよ、とんでもないよ。今回借りたこのレンタカーも６日間で８００ドルもするからね」「ということは12万円ですか？」「賃金も上がってはいるけど物価高には追いつかないね。あ、何か食べてく？」「いや、きょうはもういいです！」。オレは早くも、アメリカのとんでもない物価高にビビリ始めていた。

問題の核心　アメリカ篇　その2

マリオットという、まあまあ高級なホテルが6泊用意されていた。オレが住んでいた当時でも、1泊最低100ドルはしたはず。現在の物価上昇率を考えたらおそらく300ドルあたりだろうか。ということは4万5000円×6泊で27万円。インスタントセレブになった気分。大きなベッドに身を投げ出すと、すぐさま眠りに落ちていた。

翌朝。サニーさんからの連絡で目を覚ました「朝メシいくかい?」。ワッフルハウスというチェーン店へ。ワッフル、サンドイッチ、オムレツ、ビフテキなんでもござれなアメリカの松屋のような店。全米どこにでもチェーン店があり、安く、24時間営業なのでWWE在籍当時は移動のさいよく利用した庶民派代表のような店。オールスタースペシャルという、パンと目玉焼きとハッシュブラウンとワッフルのセットを注文。さらにコーヒーとオレンジジュース。お会計は…16ドル、2400円。もはや気軽に食える朝メシの値段ではない。「サニーさん、ワッフルハウスってオレが住んでたころはどんなに食っても10ドルなんてまずしなかったですよ」「そうだろうね、まあとにかくなんでも高いよ。この1年で50

%も上がった税金だってあるんだから」。それでも不動産など多数の事業で成功を収めているサニーさんからは、物価高に生活を圧迫されている気配はほとんど感じられなかった。これは誰か、そんな目に遭っている庶民の話を聞いてみたい。そう考えていると、ロサンゼルスに住み、日本のプロレス雑誌へアメリカの記事を書くことで細々生きながらえている30年来の友人から電話がかかってきたのだ。昨日から用事で日本へ帰ってきているので、オレと会う算段をしようとたまたま電話をしてみたとのこと。なんでも尋ねるにはもってこいだ。

「きのうロスの空港で嫁さんと2人でサンドイッチとコーラを買ったら6000円もしたよ」「普通の人はどうやって生活してんの?」「できないんだよ、だからホームレスがどんどん増えてる」「日本の物価が激安に感じるでしょ?」「そこなんだよ!もうな、日本はヤバい!海外に出たことのない人にはピンとこないだろうけど、もう完全にヤバいんだよ!」

それは海外に出るたび常に感じていた。いまや日本より断然物価の安い国なんてアジア圏にすら一つもない。そして我々日本人にとって問題の核心は、アメリカの物価高ではなく絶対的にそっちなのである。

プロレスの最終目的　アメリカ篇　その3

前日の夜。サニーさんとホテル近くのタイ料理屋へいき、普通のチャーハンが3450円もしたことでオレのマインドは突然ある変革を果たした。その気持ちを、道の前を歩くサニーさんに伝えたくなった。「サニーさん」「ん?」「あの…なんていうか、これもういちいちお金のこと気にしてたらまともに生きていられないですね」「ああ、わかるよ」「もう一切気にしないで通常モードで生きていくことにしました」「それがいいよ!」。成功する人は、とかく豊かな方向へとマインドをコントロールすることに長《た》けている。事業で成功を収めているサニーさんは、とっくにそんなマインドで生きているのだろうと感じた。オレの気持ちも楽になった。

翌日。アメリカに来て初の仕事。以前に契約を交わしていたアメリカのビデオゲーム会社のモーションキャプチャー撮影。要は、プロレスゲームにキャラとして登場するオレの動きの撮影である。正直な話、ゲームはとんでもなく金になる。売れればかなりの不労所得が何度も入ってくる。アメリカのプロレスはこうして、ショー以外の部分でもお金を生むシステムが充実している。1セントたりとも逃さず全てをビジネスにしてしまうプロ意識とでもいおうか。

その翌日はコンベンションでサイン会。どういうものかというと、コミケで作者が自分の漫画を即売するように、レスラーが有料で自分のグッズにサインを入れたりファンと写真撮影などしてお金を生むシステムである。古今東西のアメリカのレスラーたちが集結するポピュラーなイベント。日本のプロレスに、こういったシステムは一切ない。どうしてアメリカにあって日本にはないのかというと、アメリカのプロレス界には「最終目的はお金を生むこと」というプロ意識の高い者が圧倒的に多いので、そういったシステムを構築する者もあらわれやすいからだと個人的に分析している。2日間のコンベンションに集まった数千人ものファンを逃さぬべく、夜は同じ会場に超満員のお客さんを集めたショーがおこなわれた。オレはアメリカの有望な新人を相手に相当苦しめられたが最後は年の功が作用したのか、フと気が付いたら勝っていた。プロモーターは相当に儲《もう》かった2日間だったに違いない。

物価が高いなら頭を使ってお金を生む。今回アメリカで再確認したことである。欧米6カ国をまたいでの仕事がこうして全て終わった。さあ、明日は4週間ぶりに帰国である。

そして、帰国篇

サニーさんの運転する車でホテルを出たのは朝の11時。なぜかそこ発のチケットを渡されていた遠い空港まで3時間のドライブ。ダラスの自宅に帰るサニーさんと空港で別れ、オレはロサンゼルス行き搭乗まで5時間半をひとり過ごさねばならなかった。腹がへったのでハンバーガーとビールを頼んだらチップ込みで7000円。だけど、もういいのだ。やっと飛行機に乗り込み、6時間かけロスに到着。今度は3時間の接続待ち。またもや腹がへったのでピザとビール3本。アメリカでも特に物価が高いロス。チップ込みで15000円もしたが、これで本当に最後なのでもういいのだ。羽田までは11時間の飛行。幸いそれほど混んでいなかったので5席占拠し横になることができた。

羽田到着は朝4時半。まだまだ着かない。今度は2時間待ちで福岡行きに乗り1時間半の飛行。こうして帰ってきた福岡。所要総計32時間。それから外貨を両替したりで1時間近くを費やし。もはや人間搾りカス状態だったので空港からタクシーに乗り10分ほどの距離の自宅に辿《たど》り着いたのはホテルを出てから33時間後のことであった。

久しぶりの日本。福岡。まだ昼前。よく晴れていた。まずは洗濯機を回さねば。旅の道中、洗濯はずっとホテルの流しで手洗いしていた。それも最後の6日間は帰ってから洗えばいいと、カバンの中は使用した衣服でいっぱいだった。次から次。洗濯機を4回稼働。ベランダが干した洗濯ものでいっぱい。すぐ向こうを飛行機が飛んでいく。次はカバンの中のものを順次片していく。リングシューズ、サポーター、そして…小さな紙袋。これなんだっけ?何か入っていた。今回の旅で唯一自分用にマルタで買った、古い型のスクーターの置物だった。そんなものを買っただなんてすっかり忘れていた。ほんの2週間前のことだというのに。

片し終えてもまだ昼前。ベッドに横になり、窓の向こうの青い空を見つめる。ちっとも眠たくなかった。いい天気だし、このままどこかへいこうかな。飛行機の飛んでいく音…。

意識を取り戻すと、夕暮れ色の部屋にいた。背伸びをして起き上がる。体中が痛い。一挙にきたのだ。なにしろ西回りに地球を一周してきたのだから。飛行機の飛んでいく音。窓を開けると、どこかで夕飯の支度をする匂いが。さあ、今夜は何を食おうか。もう一度背伸びをしてみる。今度は痛みが心地よかった。

年末の風景　韓国篇

2023年の年の瀬のこと、韓国は清州という小じんまりとした町へ2泊3日の小さな旅。仕事だが試合はなく、地元団体と九州プロレスの業務提携代行と、現地の若いレスラーたちへのプロレス指導のみ。なのでそれほど慌ただしくもなく。

着いた翌朝。オンドルの暖かい部屋で目を覚ますと、窓に霜がはっていた。指先でこすった向こう。舞い散る雪が古い町並みの半分ちかくを覆っている。まるで水墨画の世界のようだった。清州での今年の初雪とのこと。身支度をすませ、業務提携の記者会見場へ向かう。車のフロントガラスに容赦なくはりついてくる雪。着くころには吹雪のように。会見をすませ、すぐ近くの道場で若いレスラーたちへの指導。韓国の若者の多くが、いまや普通にけっこうなレベルの英語を話す。なので細かい指導に困ることもなく。

終わって全員で向かった先はスンドゥブ屋。韓国の食い物はうまい。世界でも日本食の次にうまいと思う。しかも激しく酒を欲っさせる。もちろん飲む。昼間に飲む酒は得した気分になる。付きっきりで面倒を見てくれている韓国の団体のボスが、夜はサムギョプサルでいいですか？と、早くも晩飯の話をしてきた。

少々酔っ払い町中を散策。洋服屋で色合いが好みなジャケットを見つけた。値切り交渉をすると30秒で5000円も安くなったので即購入。すぐさま夜になりサムギョプサル。今度は本式に飲む。ボスはプロレス団体を運営する傍ら韓国空軍で英語通訳もなりわいとしているので、兵役に関する話をいろいろ聞いたら興味深すぎる逸話の連続だった。

翌日。雪はやんでいた。快晴。せっかくならば帰る前に空軍基地を案内しますと。ボスの家から基地はすぐ近く。銃を構える兵士が立つ門をくぐり、軍の食堂で昼飯を食った。あっという間に帰りの便の時間となり空港へ。清州から福岡まではたった40分ほどのフライト。2日ぶりの博多は別世界のように寒くなっていた。

翌日の夜は仕事の飲み会。きのう買ったばかりのジャケットを着て中洲へ。本式に寒い。那珂川に映るネオンもゆらゆらとふるえている。日本の冬。年末。冷たい風が吹いた。ジャケットのポケットに手を突っ込む。奥の方でなにかにふれた。いつから入っていたのか、記憶にない500ウォン硬貨だった。くすっと笑ってしまう。今年も終わる。

5

日々のこと、これからのこと

夜の道場

夜、独りで道場へいく。昼は教える立場なので、自分の稽古は一切しない。夜になったらママチャリに乗り、うちからたった2分の距離にある道場へと繰り出すのだ。倉庫の並びの一角。着いたらシャッターを静かに開く。電気はつけない。

当初は会社に気を使い電気代節約のつもりだったが、いまではすっかり暗闇が気に入っている。天井が高く、リングが置かれ、サンドバッグが吊《つ》るしてあるだけの簡素な道場。眼が慣れるまでは何も見えない。なので、スマホのライトでテレビのリモコンを探す。スイッチを入れると、画面の光にリングとサンドバッグが淡く照らされる。まるで、遠くで小さく揺れるロウソクの炎に淡く照らされているかのように。ユーチューブで洋楽をかける。音は小さく。テレビのすぐ近くでないと聞こえないほど小さく。リングのへりに腰かけ、しばらく聞く。道場のすぐ目の前をとおる新幹線の音が、ときどき空気を右から左へ激しく揺らしていく。過ぎ去ると、洋楽が静かに耳へ戻ってくる。

淡い光に慣れたころ、まずはリングの下で踏み台昇降をする。右左右左。昇り降りを繰り返すだけの単調な運動。最初はあれこれ考えているが、そのうち頭の中が無になってくる。汗を吸い込んだシャツを脱ぎ、淡い光が届かないリングの中に放り投げると、暗闇に吸いこまれる。そのシャツを追って、音を立てないようリングに上がる。暗闇の中にきた。洋楽も聞こえない。そのまま、しゃがんで、立つ。ヒンズースクワットを繰り返す。キーコ…キーコ…リングが小さく軋《きし》む音。眼を閉じる。暗闇と自分が完全に同化する。音だけの世界。300回も音を聞いたら、眼を閉じたまま うつぶせになる。腕立て伏せを繰り返す。小さく軋む音と、揺れる暗闇。そのうち、限界がきてつぶれる。軋む音が消える。暗闇も揺れない。新幹線が空気を揺らすことも、もうなくなった。はたしていま、自分は本当にここにいるのだろうか。夜の道場に。

超平民感覚

九州プロレスに入団する前。まだ東京に住んでいたころ。家のはす向かいにある美容室で、いつも髪を切っていた。そこの店長のNさんが実に感覚が平民というか。どういうことかは読んでいくうちにわかる。

ある日気が付いたのだが、その美容室の壁に誰かのサインが飾られている。誰のものですかとNさんに尋ねると、よくぞ聞いてくれました！的な顔。

「あれはボクが原宿支店にいたとき、たまたま来店された○○さんのサインなんですよ！」

ほぼTVを見ないオレでも知っている芸能人。実に誇らしげ。ここまでは、まあいい。

「タジリさんは芸能人に会ったことあるんですか？」

プロレスを30年も続けていると、会う機会はたくさんある。

「昔（ハッスル所属時代）はよくインリンさん、HG、RG、小池栄子さんらと一緒に仕事してましたよ」

「そうなんですか？じゃ小池栄子、生で見たことあるんですか」

「いえ、そういうカンジじゃなくて一緒に仕事してたんですよ」

「じゃもしかして話し『とか』したことあるんですか⁉」

そういうカンジじゃないと言うのに。というか、話し『とか』っていったい何なのだ。常にこんな具合。わかってくれそうな気配はいつまでもなく。またある日のこと。

「タジリさん、最近試合『とか』されたんですか？」

「昨日もしてたし、あさってもしますよ」

「え、きのう？しかもあさってまた試合するのにこんなとこにいて大丈夫なんですか⁉」

「いや、だからいつも言うようにNさんが毎日ここにきて仕事するみたいにレスラーもそんな感覚で試合するだけなんですよ」

「あさってはどこでやるんですか？」

「大阪ですね」

「そのあと年内は？」

「いろいろいきますよ、日本各地も海外も」

「年内に外国いくのに、こんなとこにいて大丈夫なんですか⁉」

Nさんの生まれ持った超平民感覚はいつまでたっても成長しない。話題は変わって。何かの流れから柔道の話に。

「そういえば柔道からプロレス入った小川直也って強かったですね」

「ハッスルのときは一緒でしたよ」

「じゃ、小川直也と話し『とか』したことあるんですか？」

「いや、だから一緒に仕事してたんでえ！いまここでボクとNさんが話してるじゃないですかあ！いつもこういう感じでしたよ！」

「え、じゃ小川直也と試合『とか』したことあるんですか⁉」

こんな超平民Nさんによるオレ的最大の名言は、一時期しょっちゅうタッグを組んでいた武藤敬司さんの話をしたさいの
「え、武藤敬司と会ったこと『とか』あるんですか⁉」

というものである。

カツラ

カツラをかぶろうかと真剣に考えている。どうしてかというと、数年前からだいぶ髪が細くなってきたこと。さらには白髪が多すぎて、黒く染めても1週間もすると根元が白くなり、生えぎわがハゲに見えてしまうからである。

正直な話し、こんな歳になるともうどうでもいいのだ。ハゲと思われようとなんだろうと。頭を丸めてツルツルにしたってかまわない。切りにいく必要も染めにいく必要もなくなるので、むしろ楽でいい。しかし我が九州プロレスには、頭を丸めてツルツルの選手がすでにひとり存在しているのだ。桜島なおきという選手である。同じ団体にツルツル頭が2人も存在してしまったらキャラかぶりだし、どっちがどっちだかわからなくなり試合を見るお客さんが混乱してしまう可能性だってある。さらに、九州プロレスにはツルツル頭がもうひとりいる。山口さんというリングアナウンサーである。そんな頭の出役が3人もそろい踏みした日にゃ、お客さんがまぶしくて仕方がない可能性だってある。なので踏みとどまっている…というわけでもないのだが、それにしてもカツラをかぶることにより、なんだか人生が楽しくなるような予感がするのだ。それはなぜか。これはあくまで想像に過ぎないのだが…カツラをかぶる。それは一種の「変身」だと思うからだ。

子供のころ、誰でも一度はウルトラマンや仮面ライダーに変身してみたかったはず。あれと同じ感覚。カツラをかぶれば、例えば金髪のガイジン風になることだってできてしまうし、青い髪のアニメの人風にだって。そんな姿で街中を大冒険。試合のときには黒髪に戻す。考えただけで楽しそうではないか。さらにはカツラをはずしたときにはバンダナを巻いて革のベストを着て、持っていないハーレー・ダビッドソンをぶっ飛ばしたりもしてしまう。あるときは金髪で、またあるときは青い髪、試合のときだけ黒い髪、だがその実態は…愛の戦士キューティー・ハニー！ではなく、頭ツルツルのおっちゃんである。夢がある。

で、カツラがいくらするのか調べてみたのだが、これがけっこう高いのだ。安いのもあるようだが、それだといかにもかぶってます感がぬぐえないとのこと。金髪と青と黒を買いそろえたら優に100万円は超えてしまいそうである。とりあえずいいか。そんなワケで、今月も黒く染めてきます。（※その後、黒く染めることをやめたオレの髪は、いまではすっかりまっ白である。しかしそれにもすぐに慣れ、今に至る。）

トーヨコの若者たち

2024年の夏。久々に東京で試合をした。場所は新宿歌舞伎町のど真ん中、新宿FACE。試合当日の昼に羽田へ飛び、電車で新宿へ直行した。

それにしても、京浜急行羽田空港駅から人の多いこと多いこと。途中の品川駅から山手線に乗り換えるとさらに増え。ピークを迎える新宿駅で降りると、もうどこを見渡しても人人人。ほんの2年前まで住んでいた東京だが、人間はどんなことにもすぐに慣れてしまう生き物。いまやすっかり九州に慣れきってしまっているオレにとって、九州とはもちろん違うし、かといって異国というほどでもなく。その中間に存在している特殊な世界、それが東京。

新宿駅東口。人生が交差し合うことのない他人同士が、路上をジグザグに交差し合っている。試合会場の新宿FACEは、いわゆるトーヨコのすぐそばにある。必然的にトーヨコを通過したのだが、そのときオレは、どこか貧しい国のスラム臭を感じてしまったのだ。以前の新宿で、それと同質の臭いをかいだことは一度としてない。どんなに汚い通りでも、そこに漂っていたのは日本らしい異臭（そんなのあるのか？）。しかし外国人が増えたからそうなったというわけでもなさそうで、それはもはや日本が貧しい国と化してしまっている、ひとつの決定的証拠ではなかったろうか。オレは頻繁に海外へいくのでよくわかるのだが、いまの日本の生活実態は世界でも相当に貧しい。もっと貧しい国もまだまだあるとはいえ、国をあげての豊かさを誇れる国ではとっくのむかしになくなってしまっている。九州プロレスに修行に来るガイジンたちも、日本の物価はなんて安いんだと皆一様に驚く。まるで少し前の日本人が、物価の安いアジアの国を謳歌できていた、あのころのように。

試合を終えたのは夜9時だった。トーヨコを横切り新宿駅へ。外国人、コスプレ、酔っ払い、ド派手なお姉ちゃん、危なそうなアンちゃん……何かを探してそこへ集まっているわけでもなく、自分の人生にも何かが落ちてこないか、何かを拾えることもあるのではないか、そんな幻想に期待しているふうにも見えない、何もなさそうな若者たちであふれ返っていた。

そして人間は、どんなことにもすぐに慣れてしまう生き物。オレはほんの数時間で、そんな空気にもすっかり慣れてしまっていた。特に思うこともなく、新宿駅への道を歩いていく。きっと彼らも、そんな気持ちでそれぞれの人生を生きている……そんな気がした。

神業の鍼灸

大晦日前日。中洲のカイザーの異名を持つ、Uさんという社長さんからご連絡をいただいた。Uさんの古くからの知り合いで、凄腕の鍼灸の先生が福岡へ来るから治療をうけてみないか、と。近年、慢性的な腰痛を抱えるオレにとってはありがたすぎるお話。是非にとお願いした。

先生は奈良県からお越しになるという。Uさんの車に同乗させていただき、博多駅へお迎えに。仙人のような方が雲に乗ってあらわれる姿をイメージしていたのだが、やってきたのは人造人間キカイダーに登場するハカイダーの中身のサブローに似た、黒い革ジャンに長髪の男前な先生であった。

治療は、Uさん行きつけの鍼灸院のベッドでおこなわれた。先生はまず仰向けに寝たオレの脚全体、次いで腕全体に触れたのち、何方向にも体を捻ってくる。腰の中心部や腿の側面など、絞られて痛い箇所を伝えると「わかりました」と、ただ一言。今度は髪の生えぎわあたりを入念に調べ、頭の４カ所と腕の２カ所に鍼を打った。「もう一度体を捻ります」。すると、さっきまでの痛みがウソのように消えていたのだ。それは、いつも窓を開けると向かいに見える一軒家が忽然と消えていたほどの信じられなさであった。「ええっ⁉」。つい叫んでしまうと、先生にとっては当たり前のことのようで淡々と「今度は横になってください」。

　肩甲骨に歪みがあると猫背になり、それも腰痛の原因になると言う。オレの腕を何方向にも動かし、本来ならこういう動きもできるはずだがあなたはできないのでそこを治す、とのこと。肩甲骨付近のどこかに鍼が刺し込まれた。すると、ビクンビクン…ピピピ…ピー！ピピピー！と、その部分だけが、だんだん大きくなる電気信号のように脈動を始めたのだ。電気は流していないのにである。滅んでいた細胞が「復活」してくるような凄まじい脈動。まるで先生自身が電極体のような。腕を動かしてみると、さっきまで詰まっていた方向にも楽々と動いた。臀《でん》部と腰の側面数カ所にも刺して治療終了。ガチガチだった股関節が思いきり開くし、腰痛の8割が消失している。

　効果がさらに実感できたのは翌朝。まったく痛くなかったのだ。前屈の角度もいつ以来かという深さ。ふと気付くと、意識が腰痛を忘れているのだ。「それまで習った鍼灸の効果に疑問を抱き、医学部に入り直して研究した」という先生の手法。大袈裟ではなく神業。オレにとって近年最大の「すげえ！」出来事であった。

カラスミの味

ある日のこと。やけに酒が飲みたかった。夕方から近所のラーメン屋へ。いい感じにさびれた店。ラーメン以外にもチャーハンやギョーザ、酢モツに豚足、馬刺しなんかもある。呑み助にはたまらない。ギョーザと馬刺しで生ビール1杯とレモンチューハイ2杯を飲み、〆はラーメン。いい感じに酔っぱらってお会計。歩いて帰る道すがら、もう少し飲みたい気分になってきた。缶チューハイを買って帰ろう。スーパーへ寄った。氷結無糖レモンの500ミリリットル缶を2本。食い物はうちに何かあるだろう。さて、帰宅。まずは缶チューハイを冷凍庫にぶち込む。オレは冷たい飲み物はとにかくギンギンに冷やす派である。その合間に何かパパッとこさえるか。

しかし…冷蔵庫の中には何もなかった。しまったな、こりゃ。奥の奥まであさってみる。何か出てきた。カラスミだった。いいものあるじゃん。熊本の知人が送ってきてくれたやつ。ウキウキ気分で封を開け、消しゴムほどの大きさに包丁で切った。火であぶったらウマいんだよな。串がなかったので、ビフテキ屋にあるような木製の柄のフォークに突き刺した。これであぶれば手が熱くならない。ガスコンロの火にかざす。チリチリチリ…あぶられる音といい匂い。そろそろよさげだ。

　火からはずす。熱いのでサッと指でつまんで、まな板の上にのせた。フォークの先で片側をおさえ、包丁で薄くスライスする。皿に盛った。火からはずしてここまで15秒ほどの早わざ。よし、食うか…と、フォークの先にカラスミの破片がこびりついていたのだ。もったいない。前歯でこそぎ落とそう。フォークを口の中へはこんだ。上下の歯でカチッ！と噛《か》み、そのまま引き抜く。そのさいフォークが唇にふれた。「ああっ！」そうだ、フォークもあぶっていたのだった！つい手放してしまったフォークが音をたて、床の上をリバウンドする。唇を焼いてしまった。早くもプックラと膨らんでいる。しかしそんな口で味わうカラスミでも、しっかりと美味だった。

エコノミービジネスクラス

ウクライナとロシアが戦火を交えて以降、それまで多かったロシア上空を飛ぶ、欧州への直行便がなくなってしまった。中東のドバイやカタール経由ばかりのいま、接続を合わせると所要20時間以上が当たり前である。それでもビジネスクラスで横になれるのであれば問題はない。

だがプロレスで海外へ呼ばれる場合、先方のプロモーターから送られてくるチケットは、まあたいていエコノミーである。夢のない話ですみませんね。それがプロレス界の現実なのだ。エコノミーでも通路側か窓側に座れればまだいい。最悪なのは真ん中の席。左右どちらにも気を使い、小便はぎりぎりまで我慢し。ＣＡさんと会話するさいは英語が下手なのがバレてしまわないよう「メシ食わないで寝たフリしとこ！」なんて経験をしたことのある方もきっと多いのでは。

で、そんなエコノミークラスの真ん中の席で、ビジネスクラスにも負けないほどリラックスできる方法があることをご存じだろうか。オレはその方法を、かつて毎週平均４回は飛行機に乗っていたアメリカのWWE所属時代に発明した。最重要アイテムは機内に置いてある枕。なにがなんでも二つゲットしておく。そして、席に着いたら耳栓を装着する。次に、二つの枕を左右の肘かけクッションに敷くのだ。隣の席に飛び出さないよう、余った部分が自分側に収まるように置く。そこへ肘を乗せ、シートをリクライニングに。仕上げにアイマスクを装着。これでOK。たったそんなことで？と思われるであろう。しかし一度やってみるがいい。

まるでブワブワのソファに寝ているほどの信じられない安心感なのである。それはまさしくエコノミー・ビジネスクラス。とにかく一度試してごらん。

年賀状

送られてくる年賀状の数が年々激減している。そう言うオレ自身もここ数年、いただいた相手にだけかなり遅れて送り返す程度。すでに仕事が始まったころにそれを受け取る相手は「あ、逆に気を遣わせたな」と思ってくれてしまうのか、その翌年からはだんだん数が減っていくという伝統衰退サイクルに加担しているのだと思う。

ガキのころは、年賀状を書くのが楽しかった。オレは絵なんてヘタクソなくせに描くのは大好きという、まるで歌なんてヘタクソなくせにカラオケ大好き迷惑上司のようなガキだったので、カラーマーカーでご丁寧に色まで塗って仕上げてはハナタレのダチどもに「どうだ！」と送りつけていたものである。

いまにして思うと、正月における一種の一大イベント。年賀状とはそういうものだったような気がする。「今年は20枚きた」なんてもらった数を自慢し合ったり。しかしスマホやパソコンの普及により、紙に文字を書くという行為自体が廃れつつあるいま。宇宙人がやってきてネットインフラを根こそぎ破壊しつくし世の中がアナログな昭和に戻ることを至上の夢としているオレですら、たまにペンを持つとすっかり手の動きがついていかないことを痛感する…なんてことはおいといて。

かつて、あるプロレス関係者とお付き合いがあった。そのお方、自分に年賀状を送ってきたかこないかを対人関係における絶対的基準として生きていたようで、飲みの席になると決まって「年賀状を送るかどうかで人間性がわかる」と周囲にプレッシャーを浴びせてくるのだ。当時、オレはすでに自発的に年賀状を出すこともなくなっていたので、その言葉は当然オレにも向けられていた。

「いやあ、そういえば年賀状なんてここ数年誰にも出したことないですよ！」。お気楽な口調でさりげなくそうアピールしたのだが、そのお方は両腕を組みゆっくりとこちらへ向き直ると「○○選手はちゃあ〜んと送ってくれよった…」と、当時のオレの相方的選手の名前を引き合いに出し、眼光鋭く睨《にら》みつけてきたのである。年賀状にかけるその思いに震え上がってしまった。

出した方がいいのは重々承知だ。しかし、めんどくさいのである。いまや年末になっても年賀状のことなんてすっかり忘れてしまっている。宇宙人がやってきたらやられてしまうかもしれない。

ありがとうございます

自宅のＷｉ－Ｆｉがブッツブツ切れる。こういうのはいちばんメンドくさい。なぜならオレは超機械オンチだからである。そればかりか、オレが機械に触れると結構な確率でブッ壊れてしまうのだ。きっと、機械と人間との相性のような不思議なものが、この世には存在しているのではあるまいかと。

で、その日は朝からいつにもましてＷｉ－Ｆｉがブッツブツ切れまくり。いよいよ設置業者に相談しなくてはと、電話をかけてみることにした。しかし…そういえば電話代って1分いくらかかるのだろう。ＬＩＮＥ（ライン）での無料通話に慣れすぎてしまっているこ最近。仮にウン十円だった場合、5分話しただけでも相当な金額になってしまうのでは。飲み屋では数千円でも平気のヘイで浪費してしまうくせに。しかし、それが人間。ビビりながらもかけてみた。するとまずは「ご利用ありがとうございます、こちらはカスタマーセンターです」。ご挨拶《あいさつ》のアナウンスが延々と流れてくる。そんなの知ってるよ！知っててかけてんだよ！いいから早くオペレーターに代わってくれ！続いて例の「〇〇の方は1を、それ以外の方は2を」みたいなアナウンス。該当する3まで聞いて急いでボタンを押すと今度は「おつなぎいたしますので、このままお待ちください」。優雅に流れるクラシック音楽が挑発的に聞こえてくる。

「お待たせいたしました、私○○が承ります」。やっとお兄さんが出た。「あ、すみませんWi-Fiがブツブツ切れるんですけど！」。手短にすませたい。するとお兄さんは「なるほど、本日はWi-Fiが途切れやすいということでのご相談ですね…ありがとうございます！」「そう！どうしたらいいですかね？」「はい、ありがとうございます！ではですね、ルーターの裏に書かれた番号を見ていただいてもよろしいでしょうか？」「はいはい！」「ありがとうございます！」。そんな感じで、やたらと飛び出す「ありがとうございます！」。ちっともありがたくない気遣いであった。

手洗いとコインランドリー

九州プロレスを応援してくださっているある会社の社長さんが、新たにフィリピンでコインランドリー事業を立ち上げるという。庶民の誰もが洗濯機を有しているわけではない国。コインランドリーがあれば、頻繁にスコールが降る時期でも空模様の心配をしなくてもすむだろうし、お年を召されて手洗いがしんどい方には大いに喜ばれること請け合いであろう。

で、オレ自身にも洗濯物を手洗いしている時期があった。いつかというと、メキシコ貧乏修業時代である。安アパートの3階に住んでいたのだが、通りを見下ろす渡り廊下に共同の洗濯場というか、表面が凸凹の洗濯板仕様になった流し台が設置されていたのだ。

洗濯の手順としては、まずバケツに入れた洗濯物を水に浸す。それらを1枚ずつ取り出し流しに広げ、昭和フーセンガムの匂《にお》いのする青い粉洗剤をかけ、凸凹面にワシワシとこすりつけたり両手でウニウニと揉み続けひたすら洗う。洗い終えたら再度バケツにブチ込み、水がクリアになるまで何度もすすぎを繰り返す。すすぎ終えたら両手で絞り、廊下の柵の向こうに張られた洗濯ヒモに干して終了。全工程完遂にはだいたい1時間弱を要した。実にしんどい作業。特に何がしんどいかというと、持続的握力が求められることと、背筋から首までもがガチガチにこわばってしまうことである。ソバを打った経験はないが、手洗いのきつさと似ているような気が勝手にしている。

なので気合が入らない日には洗濯物を濡らし、絞らず干してハイおしまい、なんていうこともままあった。しかしそういう日々が続いてしまうと、だんだん衣服が臭《にお》ってくる。ある日、いつもコスチュームが臭う選手がその日は特にくさいなあと顔をしかめたら、ソイツと自分の共犯だったなんていうこともあったほど。

当時のメキシコにコインランドリーは見かけなかったが、もしもあったら重宝したと思うのだ。きっと、手を抜いて洗い続けたすえにそろそろ臭いも限界に近いぞというときに利用したはず。現在のフィリピンにも、コインランドリーはまだそれほど普及していないとのこと。だから多くの人に喜ばれるのでは。こんな経験があるからこそ、オレはその話を聞いたとき、そう直感した。最後に生意気抜かしてしまうが、事業の成否を分けるポイントは「それにより喜ぶ人」の数が多いか少ないかだと聞く。みんな喜ぶよ。だって手洗いしんどいもん。

憧れの超人

2023年末。いつもお世話になっているUさんから酒の席にご招待いただいた。Uさんの知人が営む地鶏の店。そこへいくのは2回目だった。前回は「九州プロレスのポスターを貼ってくれるお店ご存じないですかね?」というオレの申し出に中洲近辺で顔の広いUさんがあちこち連れていってくれたのだが、そのうちの一軒がそのお店だったのだ。Uさんと、その飲み仲間たちも一緒だった。彼らとはすでに顔見知り。これまでにもしょっちゅう一緒に飲んでいる。ああでもないこうでもないと雑談しながら、しばしグラスを傾けていたのだが。

1時間ほどが過ぎたころ、Uさんの携帯が鳴った。もしもし!はいっ…はいっ!と、やけにかしこまっている。エライ人からかかってきているのだろうか。電話を切ると、Uさんはオレに向き合い神妙な顔で言った。「タジリさん、これからちょっと付き合ってくださいー」「どこへいくんですか?」「来ればわかります」。あれ、どこいくの?という飲み仲間たちに見上げられながら、Uさんとオレは席を立った。

「ワンメーターの距離ですけどタクシーでいきましょう」。一刻も早く着こうとしている。相当エラい人なのだろう。着いた先は焼肉屋さんだった。まだ開店して日が浅いようで、入口の横にお祝いの花が飾られている。「いまから会う人の息子さんのお店なんです」とUさん。一瞬、堂々たる焼肉大王の姿が頭に浮かんでは消えた。「ええと…あそこの席です！」。Uさんの指さす先を確認したオレは、一瞬にして硬直してしまった。オレが高校生のころ志していた道を、世界一となることで究めた方。超人として憧れた方がそこにいらっしゃったからである。

その方は「ま、座って！」と気さくに声をかけてくださるのだが、硬直した脚はなかなか折り曲がらず。Uさんとその方との御関係は知っていた。なので、いつか機会があったらお会いいさせてください！とお願いもしていた。しかしこんな唐突に…Uさんの得意気な顔。ときどきオレごときを前に会話が成立しないほど緊張してくれるプロレスファンがいるのだが、このときのオレはまさしくそんな状態であった。

「へえ、高校生のころやってたんだ。もう一度やったら？道場おいでよ！」。極真カラテ第５回世界大会優勝者。新極真会、憧れの緑健児代表！自分ごときに恐縮でした！押忍！

ネット民

有名人がおおやけの場でなにかしら失言（とされる）してしまうと、今やそれについてネット上では賛否両論というか、誹謗中傷の雨あられ。しかし誹謗中傷したと槍玉に挙げられる有名人に対し、多くのネット民が同じように誹謗中傷を繰り返しており、さらには誰のどんな意見にも屁理屈の上塗りの繰り返し。何かを口にするだけムダで最も生産性のないいつものことで、今の世の中はあふれ返っている。

何かしらの事件が起きると、顔を隠した民衆の意見が一斉にネットに投稿されまくる。しかしそれらの事件。書き込む者たちの人生には、一生何一つ関係のないことばかりである。一生何一つ関係ないことに対し、どうしてそこまでムキになれるのか。そんなことをしたところで、その人には良いことも悪いことも起きはしないというのに。あの感覚が、昭和世代のオレにはどうしても理解できないというか。何者でもないくせに恥ずかしげもなく、そんなエラそうなことをよく言えるな、と。そんなことばかりを考えてしまう。これは別にオレが自分をエラいと勘違いしているとかそういうことではなく、実は誰もが同様に感じているであろうことを、オレも同様に感じているということを素直に書いているだけである。

しかし、生まれたときから当たり前のようにネットをいじり、そういう出発点から人生がスタートしている世代にとっては。あるいは匿名書き込みの毒に侵されてしまった者にとっては、そういうカンジで当たり前なのかもしれない。だから、それについてはもはや仕方がないと思うのだ。

しかしひとつだけ、オレの考えを言わせてもらう。今後の日本がそんな人間ばかりになってしまったら、それはいわば、自分の人生に何一つ関係のないことばかりに人生の貴重な時間を費やす人間が増えてしまうというわけで。それって、人生の貴重な時間を自分のために費やさないまま死んでいく者が増えるということではないのかと。しょせん他人事なので、それが気の毒だとか言うつもりは微塵もないのだが。

もはや、有名人の失言自体が良いとか悪いとか。それについて何かを語るヤツが良いとか悪いとか。そんなことを言いあってもどうにもならない。世の中とっくにそんなレベルを超越しきって、すっかり腐り果てている。だけど、そんな人生を送ってしまうということは、自分の人生が無であることと同じなんじゃないのかなあ?と。そんな余計なことを、オレは考えてしまうのである。

今の世の中、梶原一騎が足りない

梶原一騎先生は、オレにとっての神様である。いまの若い人にはなじみのない名前だろうか。あしたのジョー、巨人の星、空手バカ一代、タイガーマスク、愛と誠などの原作を書いた、昭和スポーツ根性漫画の大家である…って、こうして作品名を書き連ねても、よくわかりませんという若者がすでに多い今の世の中。オレがこれまで育ててきた若いプロレスラーでも「タイガーマスクだけはなんとなくわかります」という選手がほとんどである。

昭和生まれの我々は、誰もが梶原作品を読んで成長した。え、読んでない人だっている？いや、いないでしょ。梶原一騎信者として、いないと仮定し話を続けさせていただく。梶原作品の魅力とは何か。まず、作品に登場する主人公がみな孤独であるということ。孤独…というか、いちおう仲間はいることが多い。しかし、闘うときはひとりである。どうして仲間と一緒に闘わないのかというと、梶原作品はウソをつかないからなのだ。人間が闘うとき、最後は結局ひとりきりなのだという現実世界の真実を、梶原作品は強烈に描いているのである。

さらに、最後は主人公が敗れることが多い。それもハンパな敗れ方ではない。徹底的に、ズタボロに、真っ白な灰になるまで敗れ去ってしまうのだ。梶原作品はここでも決してウソをつかない。今の世の中に氾濫しているハッピーエンドなフィクションの数々。それはそれでいいとは思う。しかし人生って、そんなに甘いものなのだろうか。そんな甘ったるいものに慣れてしまうと、いざ苦難に直面したさい「こんなはずじゃないんだよお！」とうろたえまくる、想定外の事態に免疫力皆無な脆弱《ぜいじゃく》人間が量産されてしまうと思うのだ。

梶原作品はこうして現実世界の真実をエゲつないまでに突き付け、衝撃からの「だからこそ強く生きていく決意」を読者に芽生えさせるのである。そこで、オレは断言する。今の世の中、梶原一騎が足りない！断固として足りない！若いレスラーたちにも常々そう力説している。そして、もうひとつ断言する。こんなオレは間違いなく、うるせえジジーと思われているであろうと。

人生の終着駅

東京に住んでいたころ、山手線・鶯谷駅から歩いて1分の古びたモツ焼き屋へよくかよった。店の中ではなく、道に面した場所でモツを焼いている。シロ、タン、ハツ、レバーなど、種類はひととおりそろっており、タレ・塩の選別も可。しかも1本100円以下。ビールは500円前後だし、チューハイにいたっては300円台ではなかったか。お客さんは濛々《もうもう》と立ち昇る煙をよけながら、モツ焼き片手に立ち飲みしている。奥には簡素なテーブル席もいくつかあるが、オレは立ち飲みを好んでいた。煙をよけながら飲んでこそ。そんな店。かなり前に外壁だけは改装されてしまったが、以前は錆《さ》びたトタン壁の遠くからも見える高い位置に「炭火焼き、電子レンジ使用」とペンキで書かれた古い看板がかかっていた。「炭火焼き」は分かるとしても「電子レンジ使用」とはいったいどういうものなのか。妙に引っかかるその言葉が、安くてウマい感をさらに醸し出していた。

来ているお客さんは肉体労働者風、くたびれたサラリーマン風、おそろいでスウェットの上下を着た何をしているのかわからない風のアベックなど、そんな人ばかり。オレはその店に多大なる敬意を表し、こう呼んでいた。人生の終着駅、と。

安く、ウマく、庶民の中の庶民な人たちがたむろする店なのだ。そんないい店はなかなかない。行き着いた果て。なので、人生の終着駅。

そして九州に来たいま。オレは、そんな店をすでに見つけて足しげくかよっている。どこかというと、ＪＲ鹿児島本線・吉塚駅の改札を背に左へ。右は栄えた側、左は寂れた側とオレは呼んでいる。寂れた側を歩いていくこと5分ほど。店の名は…モノ好きな方が自力で探し出す楽しみのために書かないでおく。

餃子とラーメンがメインのその店。外も中も、トラック野郎に出てきそうな昭和感がプンプン漂い。酒は各種そろっているし、焼酎のボトルキープだってできてしまう。日によって異なる魚の刺し身、馬刺し、鶏のから揚げ、酢モツ、豚足、メザシなどの肴《さかな》もズラリ。オレはいつも、まずはポテトサラダで生ビールを飲みながらメニューを眺め、次に頼むものをじっくり考えることを常としている。

安く、ウマく、庶民の中の庶民な人たちがたむろする店。人生の終着駅までたどり着いたら、恐れるものは何もないのである。

最果てのアジアンプロレス

種子島にいってきた。試合である。九州プロレスではなく、業界の大先輩である畠中浩《ひろ》旭《あき》さんが主宰する『アジアンプロレス』という団体に呼ばれたのだ。団体といっても所属選手は畠中さんただひとり。そこで全国各地に散らばる、若くて、安いギャラででも試合をしてくれる、畠中さんお気に入りの選手だけを集め興行をおこなうのだ。

オレと畠中さんの付き合いは長く、出会ったのは27年前のプエルトリコ。なぜか日本の団体に登場することを嫌い、海外ばかりを渡り歩いていた畠中さんは、ほどなくしてアジアンプロレスを立ち上げていた。日本でも都市部には決して近寄らず、プロレスなんて何十年と来ていない、あるいはプロレスそのものが初めてという寒村や離島ばかりで興行をおこなうのだ。オレもこれまで山陰地方の山奥や鹿児島の離島、北海道の寒村などでの巡業に何度も帯同させてもらっている。

今回、種子島での一発興行に集められた選手は北は青森、南は熊本からの総勢7名。選手数が少ないので、誰かがマスクをかぶり別キャラとして。あるいは素顔のまま「あれ、さっきの選手がまた出てきたぞ？」とお客さんに疑問を抱かせながら、2試合も3試合もおこない試合数をふやすのだ。さすがにオレがそれを頼まれたことはないが、実に斬新、というか想像の斜め上をいく画期的な手法である。

さらに、リングアナウンサーとレフェリーも選手が兼任してしまうのだ。かつて目にしたいちばん凄すさまじかった例を挙げると、放送席でリングアナウンサーをしていた某選手が、自分の試合の番になったらその場でシャツを脱ぎリングに上がり試合をこなし、終わると同時にシャツを着て今度は次の試合のレフェリーをした、というもの。そして最後は決まって全選手が入り乱れて闘うバトルロイヤルなのだが、そうするとレフェリーをする選手がいなくなってしまうので、畠中さんがマイクを握り「すみません、レフェリーがいないので誰かやりたい人いませんか？」と、お客さんから募集してしまうのである。

試合後に泊まる宿も画期的で、若い衆は公民館に布団を敷き詰めての雑魚寝だ。ただしオレにはまともなホテルを用意してくれるので、若い衆には申しわけないと思いながらも甘えさせてもらっている。「タジリが出るならチケットたくさん買うよ」という大口顧客が現れた場合のみ、オレはアジアンに呼ばれている。年に1度か2年に1度。また次に呼ばれる日が楽しみなのだ。こんなプロレス団体も、日本にはある。

幸せに生きていくために必要なこととは

つい先日書き終えたのだが、3月に新刊を出す（※2024年3月に徳間書店より発売された）。一種のプロレス哲学書。書きたいことが多すぎて、締め切り直前までかなり切羽詰まっていた。そんなとき最大の敵は、ムダなものに時間を奪われてしまうことである。その最たるもの。オレにとってはSNSだ。ちょっとアイデアに詰まってしまうと、スマホを手にして何の気なしに見てしまっている。それこそ、呼吸をするのと同じほど無意識に。そして気が付くと、結構な時間が経過している。

SNSを見ることにより、知らなかった情報を得ることは確かにできる。しかしちょっと考えてみればわかるのだが、それらのほとんどが知らなくてもどうってことはない、生きていくうえで必要不可欠ではない情報ばかりであることは間違いない。

オレがフォローしているアカウントは知人や好きな著名人、ニュース、漫画、動物、特撮、昭和雑学、洋楽、だいたいそんなところである。それらの最新情報は興味深いし、知れば楽しい。だがいってみれば、どれもが趣味の範疇《はんちゅう》にまつわるもの。知らなくても生きていくうえでの支障は何一つとしてないはずなのだ。

そこで、スマホからSNSをすべて消去してみた。するとやはり一日の有益な時間が確実に増えるし、書く上での集中力も間違いなくアップすることが実感できたのである。薄々わかってはいたこと。それでも人間という生き物は、わかっていてもこうしてムダなことばかりしてしまっているのはなぜなのだろう。

いまの世の中、ほとんどの人生がムダな情報に左右され悩まされ翻弄《ほんろう》されてしまっている。オレが雑音や雑念だらけな東京を離れ九州へやってきた理由の根底と、今回スマホからムダな情報を遮断してみた理由は本質的に近いような気がしている。どちらも結果「良かった」ことも含めて。なので、思うのだ。これからの人生を幸せに生きていくためには、不必要多数な情報を自ら遮断してみる決意と、そんなものがなくとも楽しく生きていけるはずな人生の真理を考え直すことが必要なのではないかと。

人生の時間は限られているし、歳をとるとともに加速していく。50回に及んだ当連載も終わってみればあっという間だ。皆さん、ご愛読ありがとうございました。これからも西日本新聞と九州プロレスをよろしくね。（※この回が西日本新聞連載時の最終回であった）

故郷、その1

故郷とは何か。生まれ育った土地。それが一般的な定義であろう。しかし個人的な感覚として、それは「こきょう」と読むときで。もう一つの読み方である「ふるさと」の場合は「魂がなつがしがる場所」とでもいうのか。そんな使い分けがオレの中にはある。ま、どうでもいいんですけど。

で、2024年9月28日。九州プロレスは、オレの「こきょう」であり「ふるさと」でもある熊本は玉名で大会をおこなった。TAJIRIプロレスデビュー30周年大会と銘打たれ開催されたこの大会。プロレスラーはデビューからの区切りのいい年に「○○周年記念大会」をおこなうのが一般的であり、そういった大会を業界的には「周年大会」と呼んでいる。

30年間プロレスを続けてきたオレが、周年大会をおこなったことはこれまでなかった。どうしてかというと「皆さん、私の誕生日を盛大に祝ってください!」とお願いしているようで恥ずかしいからである。しかし、周年大会には普段以上にたくさんのお客さんが来て

くれる。特に、むかしから応援してくれている固定ファンであればあるほど。だから誰もがやるし、団体としてもやってもらいたい。それでも筑前理事長が「玉名で30周年大会やりませんか?」と口にしてくることは決してなかった。九州ば元気にするバイ!をスローガンに掲げ、組織自体の存在意義としても、未開催の地である玉名は魅力的なはず。それでも、筑前さんは言わないのだ。他人の圧となることは無理強いしない。そういう人。

なので恥ずかしかろうとなんだろうと、ここは自ら名乗り出るしかなかった。というか、実はオレ自身がやってみたかったのだ。故郷の玉名でプロレスを。そもそも玉名にプロレスがやって来ること自体いつ以来なのか。生まれ故郷。30周年。九州プロレス初開催。充分すぎるほどのお膳立て。あとは無料開催が原則の九州プロレスだからして、企業さんの協賛を集めることが肝心なのだが……。

これまでオレは、人様にお金を出していただくという経験をしたことがなかった。平たく言えば営業。ずっと好き勝手にプロレスをして、モノを書いて。そんなことしかしてこなかった人間に、営業なんてできるのだろうか。もしも協賛がほとんど集まらず「開催できませんでしたぁー」なんてことになってしまったら「誕生日パーティーやるからみんな来てねぇー」とお願いしたのに、誰も来てくれなかったのと同じことである。恥ずかしくて、もう生きていけんバイ!

故郷、その2

玉名市総合体育館にて、開催日は9月28日に決まったと会社から聞かされた。その数日後。オレはひとり玉名を訪れている。会場を見てみたかったことと、あらためて故郷の空気に触れてみたかったのだ。

福岡から西鉄に乗り大牟田へ。ＪＲに乗り換え、待ち合わせを含め2時間弱で玉名駅に到着。福岡から意外と近いんだな、そう感じた。これまでは熊本市内から車で来たことしかなかったのだ。それにしても、あらためて何もない駅前。この町にプロレスが来たら結構な事件かも、と思った。しばし歩いて大通りへ。郵便局があった。その日に出さなくてはならない手紙があることを思い出したので、窓口で切手を買いがてら、おばさんに尋ねてみた。「いま玉名はどのあたりがいちばん栄えてますかね？」。宣伝ポスターを張る場合どこを重点的に貼るべきか、最新情報を仕入れようと思ったのだ。すると首を横に振りながら「どこも栄えとらんねえ」と。「だけどやっぱ商店街のあたりですかね」「どこもたいしたこつんなかよ、店はこの通りがいちばん多かかもしれん」「そうなんですか？」「なーんなかけんですね、この町は」。それが残念というわけでもないのだろうけれども、なにかがあったら嬉しいのだろうな。おばさんのそんな表情だったような気がした。このときだったかもしれない。玉名の人たちに楽しんでもらうためにプロレスをやるんだ！と、九州プロレスの理念にのっとった闘志がマグマのように湧き出てきたのは。

30分ほど歩き、会場までいってみた。受付のお姉さんに身元を名乗ると、わざわざ会場中を案内してくれ、帰りのタクシーまで呼んでくれた。タクシーに乗り込むと、行き先を告げる前に運転手さんが話しかけてきた。「きょうは体育館でなんかあったとですか？」「いえ、別に」「こがんとこへ呼ばれることんまずなかけんですね、なんかあったんかと思ったとですよ」。駅へ戻るつもりだったが、この運転手さんともっと話してみたいなと思った。「小天まで何分くらいでいきますかね？」「30分かからんです」「じゃお願いします」。親父の墓へ寄っていくことにした。

「玉名でプロレスばやっとですか!?」運転手さんとは、すぐに打ち解けることができた。「来てくれますか？」「玉名ん人がやるならいかんわけにはいかんでしょ！　みんなに知らせてよかですかね？」「どんどん知らせてください！」。墓で親父に成功を祈願する。こうして玉名大会への道は、ひそかにスタートを切ったのだった。

故郷、その3

全社員が一丸となり、企業さんからの協賛は順調に集まっていった。さらにはクラウドファンディングを実施したところ、最終的に400万円ものご協力をいただけたのだ。さらにこの大会に、海外から二人のレスラーが駆けつけてくれた。メキシコからと、フィンランドから。どちらも若いころに長年の抗争を繰り広げた末、いまだに親しく付き合っている友達である。さらには韓国から、最近の教え子たちも駆け込み参戦を表明。全員無事に到着し、あとはたくさんのお客さんが来てくれるかどうか。ちなみに明日の予報は晴れ。そんな大会前夜だった。

当日。快晴。集合は朝9時。全社員で会場設営。ガイジンたちも全員到着。開場まであと1時間というころ。そとの様子を見にいった。九州プロレスの座席は指定ではないので、いい席で見たい人は早い時間から入場待ちをする傾向があるのだ。すると……長蛇の列ができていた。館内からでは、ガラス張りの向こうに見える列がどこまで続いているの確認できないほど。ついに、玉名にプロレスがやって来たのだ。

開場と同時になだれ込んでくる人人人。九州プロレスではいつも観客の多くが小学生以下のちびっ子である。この大会でもいつものように玉名の全幼稚園、保育園、小学校へ宣伝チラシを事前配布しているし、選手による幼稚園への慰問もおこなっていた。ちびっ子を主体とした一般層に見てもらってこそのプロレス。そういうものであるべきだ、絶対に。

観客数874人。メインを締めたオレは「玉名にこんなに人がいたんですね！」と、ついマイクで本音を口にしてしまったほどの、超満員の光景だった。そして最後は、九州ば元気にするバイ！の大合唱で玉名大会は大成功に終わった。終了後もロビーや売店にたむろする人波がいつまでも途切れることなく。オレは経験的に、満足度の高かった大会の後はお客さんが会場からなかなか離れられないことを知っている。

プロレスラーにとって大切なこと。いい試合をする、お金を稼ぐ。いろいろある。しかし「プロレスで何人の友達をつくれるか」それは、かなり重要なことなのではないかと。見せる側も、見る側も、プロレスをとおして何人の友達をつくれるか。それはプロレスの最も重要な役割のひとつかもしれないと、オレはいつもそう考えている。

故郷の九州に九州プロレスという素晴らしい団体があってくれて、オレのプロレス人生は本当に幸せだ。すべてを生みだしてくれた九州に感謝である。

「プロレスの味わい」刊行に寄せて

NPO法人九州プロレス　理事長　筑前りょう太

本人は絶対に呼ばれたくないだろうが、TAJIRI選手は先生のような人だ。それも先生は先生でも「ハイ、では今日の授業は教科書を使いませんので机にしまってください」とか言って、これから一体何が始まるのか生徒をワクワクさせてくれる、そんな先生。飾らず、気取らず、力まず、そして遠慮深く。自然体で生きる事の大切さをTAJIRI「先生」は、本人の姿を通して伝え続けてくれているようにいつもそばで感じています。

TAJIRI選手と初めて会ったのは1998年メキシコシティ――、だったハズですが、本書にも記載ある通りメキシコでの生活は常に困窮の真っ只中。そんな中、互いに無我夢中で明日を夢見て日々を闘っていた事もあり、正直その時の記憶はおぼろげでした。だから四半世紀経った2023年1月、東京で初めて腰を据えた会話をした、その時こそが〝25年ぶりの初対面〟だったように思います。

その日は「コロナと闘う世の中に、自ら前に進む姿を見せメッセージを送らなければ」という思いで九州プロレス創設13年にして初の東京大会「上京」を企画した日。そんな時に、世界一のプロレス団体にまで登り詰め、世界各国で数々のタイトルを獲得してきた一流レスラーTAJIRI選手が突然、来場したのです。

それだけでも光栄な事でしたが、25年ぶりに話して、もっと光栄だったのはTAJIRI選手が、既に多くの九州プロレスの情報や動画を見て高い評価をしてくれていた事でした。九州と世界が東京で繋がった、そんな感覚がありました。以降、私とTAJIRI選手の距離は、時に広がり、そして縮まり1年間の紆余曲折を経て、当法人の理念「九州ば元気にするバイ！」への強いご共感をいただき2024年1月、九州プロレスご入団をいただくに至りました。

今、俯瞰してみればその決断自体も、飾らず、気取らず、力まない、あくまでご自身らしい生き方を追求されるTAJIRI選手ならではの決断だったのだ、と思えます。

入団時には世界的な有名選手だけに、これまで九州プロレスを熱心に応援いただいていた一部の方からはネガティブな反応も少なからずありました。が、私は、TAJIRI選手の存在によって、これから九州が世界とダイレクトに繋がるようになり、この島（九州）にもっと大きな元気を吹き込める！とやがて来る近未来に胸の高鳴りを抑える事が出来ませんでした。

　そしてＴＡＪＩＲＩ選手の入団以降「ＴＡＪＩＲＩ選手に指導してほしい、日本で経験を積みたい」とアメリカ、カナダ、イギリス、フランス、イタリア、シンガポール、台湾、韓国など、世界中から多くの若いプロレスラー達が九州にやってきて修行しています。今では九州プロレス選手寮の公用語がすっかり英語になっているほど。そして逆に、九州の選手たちも海外で試合をする機会を多く作れるようになりました。当初はＴＡＪＩＲＩ選手入団に懐疑的だったファンの方も、今や誰もがＴＡＪＩＲＩ選手の尽力ぶりに拍手を送ってくれています。

　本書の冒頭にある「かけめぐる自由のママチャリ」は、いきなり〝らしさ〟全開で、まさに試合開始直後からクライマックス。世界的に有名なプロレスラーが、こともあろうに博多の街を〝誇らしげに〟ママチャリでかけめぐっとるわけです。「憧れ」や「誇り」と「ママチャリ」のアンバランスさ、これこそがＴＡＪＩＲＩ選手の世界。この本を読んで改めて実感しました。やっぱりＴＡＪＩＲＩ選手は「先生」なのです。教科書に載っていないけども、人生における見過ごしがちな小粋な出来事や日々の何気ない発見を伝える事で、私たちに、これまで知り得なかった新たな生きる価値を気付かせてくれる。そして必ず何かが動き出していくのです。

1954年、プロレスのテレビ中継が始まり、戦後復興から高度経済成長に臨まんとする国民の背中を後押ししたように、令和の日本においてもプロレスは、人口減少、少子高齢化、物価高騰など、さまざまな不安を抱く方々に元気を提供する役割を果たしていかなくてはいけません。その為にプロレスは存在します。当法人も、世界から、九州に大きな元気を呼び込み故郷に貢献していきたいと思います。TAJIRI選手に学び、そして共に歩みながら。

（2025年2月）

［著者略歴］

TAJIRI《たじり》

1970年生まれ。熊本県玉名市出身。94年、IWAジャパンでデビュー。メキシコに渡り、アメリカ・ECWに移籍したのちに、世界的プロレス団体「WWE」に入団して活躍する。帰国後はハッスルに所属、SMASHなどを率いた。1度はWWEに復帰するも、ケガで退団。その後、全日本プロレスを経て、23年1月から福岡市に移住して九州プロレス所属。作家・エッセイストとしての顔も持ち、著書に『真・プロレスラーは観客に何を見せているのか』『戦争とプロレス』『少年とリング屋』などがある。

プロレスの味わい

世界から地方に来て幸せになった男

2025年3月31日　初版第一刷発行

著者　TAJIRI

イラスト　浜竹睦子

デザイン　成原亜美（成原デザイン事務所）

DTP　冨菊代（西日本新聞プロダクツ）

編集　小川祥平

発行者　田川大介

発行所　西日本新聞社

〒810－8721　福岡市中央区天神1－4－1

TEL　092－711－5523（出版担当窓口）

FAX　092－711－8120

印刷・製本　シナノパブリッシングプレス

ISBN 978-4-8167-1019-3 C0095